경리장부 작성연습

kofe
한국재정경제연구소

머리말

경리업무를 처음 대하는 경리초보자는 경리장부를 작성하는데 어디서부터 어떻게 장부를 작성해야 정확한 기록인지에 대하여 고민을 하게 된다. 부기와 회계의 기초지식을 갖추고 있다 하더라도 거래내역에 대한 계정과목설정은? 분개는? 전표작성은? 장부작성방법은? 등의 정확한 회계처리와 경리장부작성에 대하여 항상 고민을 하게 된다.

이 책은 이러한 어려움에 대하여 기업실무에서 많이 발생하는 사례를 중심으로 전표작성에서 경리장부작성까지 꼭 필요한 내용을 중심으로 경리초보자에게 도움을 주고자 경리장부작성에 대한 실무지침서 제공을 목적으로 다음과 같이 쓰여졌다.

첫째, 경리업무와 경리장부작성의 흐름에 대하여 일일경리업무와 월별경리업무를 설명하였고, 거래에 따른 경리장부 작성절차를 설명하여 경리초보자가 참조하도록 하였다.

둘째, 복식부기와 분개에 대하여 개념과 원리를 사례를 들어 설명하여 전표와 장부 작성을 위한 회계처리를 하는데 기초를 튼튼히 할 수 있도록 하였다.

셋째, 거래발생에 따른 입금전표 · 출금전표 · 대체전표의 작성요령과 작성사례를 거래형태별로 설명하여 실무에 해당 계정의 회계처리와 전표작성에 활용할 수 있도록 하였다.

넷째, 매입 · 매출 · 현금 · 어음 · 채권 · 채무 · 급여 · 세금 · 자산 · 인출금 등의 거래에 대하여 각각의 회계처리 요령과 사례를 두어 이를 이해하고 경리장부를 작성하는데 도움이 되도록 하였다.

다섯째, 일계표, 월계표, 일일자금수지일보, 월차영업보고서, 총계정원장, 합계잔액시산표 등 경리장부의 작성사례를 두어 기업에서 이를 참고하여 작성하는데 도움이 되도록 하였다.

여섯째, 각각의 장에 작성연습과 주의사항을 두어 이를 읽고 배운 내용을 토대로 작성연습을 함으로써 경리초보자의 실력을 배양하는데 중점을 두었으며, 책의 중간 중간에 경리업무에서 참고 할 수 있는 경리업무시 주의사항을 두어 업무에 참고하도록 하였다.

끝으로 이 책은 저자가 세무사로서 또는 기업의 경리책임자로 재직시 신입사원 및 경리입문자에게 꼭 알려주고 싶은 경리업무의 기본적인 내용을 중심으로 설명하였다. 경리초보자는 회사에서 업무를 하면서 실무처리에 대하여 모르는 부분은 질의하여 확인하고, 부족한 내용은 교육 및 학습을 통하여 익혀야 실무능력을 배양하는데 도움이 될 것이다. 이 책을 읽고 경리업무에 조금이라도 도움이 된다면 지은이로써 경리실무자와 함께 호흡하는 세무사로서 더할 나위 없는 보람이라고 생각한다.

이 책이 나오기까지 많은 도움을 주신 한국재정경제연구소의 강석원 소장님과 편집에 애써 주신 장명화 연구원에게 감사 드린다.

2008년 3월

세무사 김경하

차 례

제1장 경리업무의 흐름

제2장 장부작성의 흐름

제3장 복식부기

제4장 전　　표

제7장 재고수불부

제8장 거래처원장

제10장 어음 및 수표 관리장부

제11장 일일자금수지일보

제12장 일계표와 월계표

제13장 계정별원장

제14장 총계정원장

제15장 월차영업보고서

제16장 합계잔액시산표

제17장 경리업무 참고자료

제1장 경리업무의 흐름

【경리업무의 내용】

구 분	업 무 내 용
일일업무	① 납품서 · 주문서 · 거래명세서 작성 ② 전표 · 분개장 · 일계표 작성 ③ 총계정원장 작성 ④ 보조부, 기타 장부의 작성 ⑤ 현금의 예입과 인출 및 시재 확인
월별업무	① 월차 결산(월계표 등) ② 급여 계산 및 지급 ③ 원천징수한 근로소득세 등 납부(매월 10일까지) ④ 월 자금 조달계획(매출대금 회수 및 매입대금 지급)
분기별업무	① 분기별 결산 ② 부가가치세 신고 및 납부 ③ 고용보험 · 산재보험 납부
연별업무	① 연 결산(장부마감 및 재무제표 · 시산표 등 작성) ② 연말정산 ③ 법인세 또는 소득세 신고 · 납부 준비(세무조정계산서) ④ 회계감사 ⑤ 경영분석

1. 일일업무

① 납품서 · 주문서 · 거래명세서 작성
② 전표 · 분개장 · 일계표 작성
③ 총계정원장 작성
④ 보조부, 기타 장부의 작성
⑤ 현금의 예입과 인출 및 시재 확인

2. 월별업무

1월의 경리업무

1/10일 : 12월 지급분 급여신고 및 갑근세 등 납부
1/25일 : 2기 부가가치세 확정신고 · 납부
1/31일 : 사업장현황신고(면세사업자인 경우)

(1) 갑근세 등 신고 · 납부

매월 10일은 전월의 급여지급분에서 예수한 갑근세, 주민세를 신고 · 납부하고, 국민연금 · 건강보험료를 납부하여야 한다.

(2) 부가가치세 확정신고 · 납부

사업자등록 신청시 일반과세자(법인 또는 개인)와 간이과세자(개인만 해당)로 사업자등록을 받은 사업자는 다음과 같이 부가가치세 신고 · 납부 의무가 있다.

구 분	과세대상기간		신고 · 납부기간	신고대상자
제1기 (1.1~6.30)	예정신고	1.1~3.31	4.1~4.25	법인과 예정신고대상자인 개인사업자*
	확정신고	1.1~6.30**	7.1~7.25	일반과세자 · 간이과세자
제2기 (7.1~12.31)	예정신고	7.1~9.30	10.1~10.25	법인과 예정신고대상자인 개인사업자*
	확정신고	7.1~12.31**	익년 1.1~1.25	일반과세자 · 간이과세자

* 개인사업자 중 예정신고대상자(단, ③, ④, ⑤의 경우는 예정신고납부와 예정고지납부 중 하나를 선택할 수 있음)

① 직전 과세기간에 대한 납부세액이 없는 자
② 각 예정신고기간에 신규로 개업한 자
③ 각 예정신고기간의 공급가액 및 납부세액이 직전 과세기간의 공급가액 및 납부세액의 1/3에 미달하는 자
④ 예정신고기간분에 대하여 조기환급을 받고자 하는 자
⑤ 총괄납부 승인을 얻은 자

** 예정신고를 한 자는 확정신고를 할 때 예정신고 분은 제외하고 확정신고 한다. 즉, 7월 25일까지 신고 · 납부해야하는 과세대상기간은 4.1~6.30 이며, 익년 1월 25일에 신고 · 납부해야하는 과세대상기간은 10.1~12.31 이다.

(3) 사업장현황신고

부가가치세의 신고 · 납부의무가 없는 면세사업자는 직전연도의 사업현황을 신고하는 사업장현황신고를 1월31일까지 하여야 한다.

2월의 경리업무

2/10일 : 1월 지급분 급여신고 및 갑근세 등 납부
2/28일 : 지급명세서(원천징수영수증) 제출
국민연금 · 건강보험 보수총액 신고
2월 급여 지급시 : 연말정산

(1) 연말정산

연말정산이란 1년간 원천징수한 근로소득세와 각종 공제를 한 후 확정된 근로소득세를 비교하여 과다 징수한 경우에는 환급하여 주고, 과소 징수한 경우에는 추가징수하는 절차를 말한다. 연말정산은 2월분의 급여 지급시 해야 한다.

(2) 연말정산 서류 제출

2월말일까지 연말정산 관련된 원천징수영수증(지급명세서)를 제출한다. 미제출 또는 부실기재시 미제출 · 부실기재 금액의 2%의 가산세가 부과된다.

(3) 국민연금 · 건강보험 연말정산

2월 말일까지 국민연금 소득총액신고서와 건강보험 보수총액통보서를 제출하여 정산한다.

3월의 경리업무

3/10일 : 2월 지급분 급여신고 및 갑근세 등 납부(연말정산분 포함)
3/31일 : 12월말 법인 법인세 신고 · 납부
고용 · 산재보험의 확정 · 개산보험료 신고 · 납부

(1) 고용 · 산재보험의 확정 · 개산보험료 신고 · 납부

3월31일까지 고용 · 산재보험의 확정 · 개산보험료를 신고 · 납부하여야 한다. 개산보험료는 분납이 가능하다.

(2) 법인세 신고 · 납부

법인세는 사업연도 종료일이 속하는 달의 말일로부터 3월 이내에 신고 · 납부하여야 한다. 법인세 신고시 대차대조표 · 손익계산서 ·

이익잉여금처분계산서 · 세무조정계산서를 제출하여야 한다. 하나라도 빠지면 무신고로 본다.

4월의 경리업무

4/10일 : 3월 지급분 급여신고 및 갑근세 등 납부
4/25일 : 1기 부가가치세 예정 신고 · 납부
4/30일 : 12월말 법인 법인세 분납기한(비중소법인)
12월말 법인 법인소득세할 주민세 신고 · 납부기한

(1) 1기 부가가치세 예정 신고 · 납부

- 법인 : 1월1일부터 3월31일분까지의 부가세를 신고 · 납부하여야 한다.
- 개인 : 세무서에서 고지된 예정고지서에 의해 납부만 하면 된다. 단, 신규사업자와 직전 과세기간의 납부세액이 없는 경우에는 법인과 같이 신고 · 납부하여야 한다.

(2) 12월말 법인 법인세 분납기한(비중소법인)

법인세액이 1천만원 이상인 경우 1천만원을 초과하는 세액은 4월 30일까지 분납할 수 있다. 법인세액이 2천만원 이상인 경우는 50%에 해당하는 세액을 분납할 수 있다.

(3) 법인소득세할 주민세 납부

법인세액의 10%에 해당하는 법인소득세할 주민세를 신고 · 납부하여야 한다.

5월의 경리업무

5/10일 : 4월 지급분 급여신고 및 갑근세 등 납부
5/15일 : 12월말 법인 법인세 분납기한(중소법인)
5/31일 : 개인사업자의 종합소득세 신고납부 및 개인 소득세할주민세 확정 신고·납부기한

(1) 12월말 법인 법인세 분납기한(중소법인)

중소법인은 법인세 납부기한으로부터 45일 이내에 분납할 수 있다. 따라서, 5월15일까지 분납하면 된다.

(2) 종합소득세 신고·납부 및 개인소득세할 주민세 납부

개인사업자는 직전연도의 종합소득에 대해 종합소득세를 신고·납부하여야 한다. 종합소득은 이자소득, 배당소득, 부동산임대소득, 사업소득, 근로소득, 연금소득, 기타소득을 말한다. 따라서, 사업소득이 종합소득의 하나이므로 사업소득을 포함한 다른 종합소득이 있다면 합산해서 신고하여야 한다.

종합소득세액의 10%에 해당하는 개인소득세할 주민세도 5월31일까지 납부하여야 한다.

6월의 경리업무

6/10일 : 5월 지급분 급여신고 및 갑근세 등 납부
6/30일 : 자동차세 납부(1월~6월분), 소규모사업자 원천세 반기별 납부 승인신청

(1) 소규모사업자의 원천세 반기별 납부 승인신청

연평균 매월 상시근로자의 인원이 10인 이하인 소규모사업자는 근로소득에 대한 원천세를 반기별 납부할 수 있다. 승인신청을 하여

승인을 받은 후 반기별 납부를 하면 되고, 반기별 납부하는 사업자는 월별로 납부를 하면 안 된다(전산장애로 인해).

7월의 경리업무

7/1~10일 : 재산할사업소세 자진신고 · 납부
7/10일 : 6월 지급분 급여신고 및 갑근세 등 납부, 소규모사업자 원천세 반기별 납부
7/15일 : 종합소득세 분납기한
7/25일 : 1기 부가가치세 확정 신고 · 납부
7/31일 : 재산세 납부

(1) 재산할 사업소세 자진신고 · 납부

매년 7월 1일을 기준으로 연면적 330㎡를 초과하는 사업소 면적당 일정액을 사업소가 소재하는 지방자치단체에 신고 · 납부하여야 한다.

(2) 종합소득세 분납기한

종합소득세액이 1천만원 이상인 경우에는 종합소득세 납부기한으로부터 45일 이내에 분납할 수 있다.

(3) 재산세 납부

매년 6월1일 현재 건물 등을 소유한 자는 고지서에 의해 재산세를 납부하여야 한다.

8월의 경리업무

8/10일 : 7월 지급분 급여신고 및 갑근세 등 납부
8/16~31일 : 법인균등할 주민세 납부
8/31일 : 12월말 법인 법인세 중간예납 신고 · 납부

(1) 법인균등할 주민세 납부

매년 8월 1일 현재 사업장을 둔 사업자(법인, 개인 모두)는 균등할 주민세를 고지서에 의해 납부하여야 한다.

(2) 법인세 중간예납 신고 · 납부

중간예납은 직전연도 법인세 납부액의 1/2을 사업연도 중에 미리 납부하는 제도이다. 직전사업연도 납부실적을 기준으로 납부하는 방법과 중간예납기간의 실적에 의해 신고 · 납부하는 방법이 있다.

9월의 경리업무

9/10일 : 8월 지급분 급여신고 및 갑근세 등 납부
9/30일 : 12월말 법인 법인세 중간예납 분납기한(비중소법인)

(1) 법인세 중간예납 분납기한(비중소법인)

법인세 중간예납분에 대해서도 분납할 수 있다.

10월의 경리업무

10/10일 : 9월 지급분 급여신고 및 갑근세 등 납부
10/15일 : 12월말 법인 법인세 중간예납 분납기한(중소법인)
10/25일 : 2기 부가가치세 예정신고 · 납부

11월의 경리업무

11/10일 : 10월 지급분 급여신고 및 갑근세 등 납부
11/16~30일 : 종합소득세 중간예납 납부기한

(1) 종합소득세 중간예납 납부기한

종합소득세의 직전연도 납부세액의 1/2을 고지서에 의해 중간예납하여야 한다.

12월의 경리업무

12/10일 : 11월 지급분 급여신고 및 갑근세 등 납부
12/31일 : 소규모사업자 원천세 반기별 납부 승인신청

제2장 장부작성의 흐름

1. 수기기장의 흐름

① 거래의 발생

↓

② 전표의 작성

↓

③ 일계표의 작성

↓

④ 총계정원장의 작성 | ⑤ 계정별원장 및 보조부 등의 작성

↓

⑥ 시산표 작성

↓

⑦ 총계정 및 보조부의 마감

↓

⑧ 결산 및 신고

2. 전산기장의 흐름(더존프로그램)

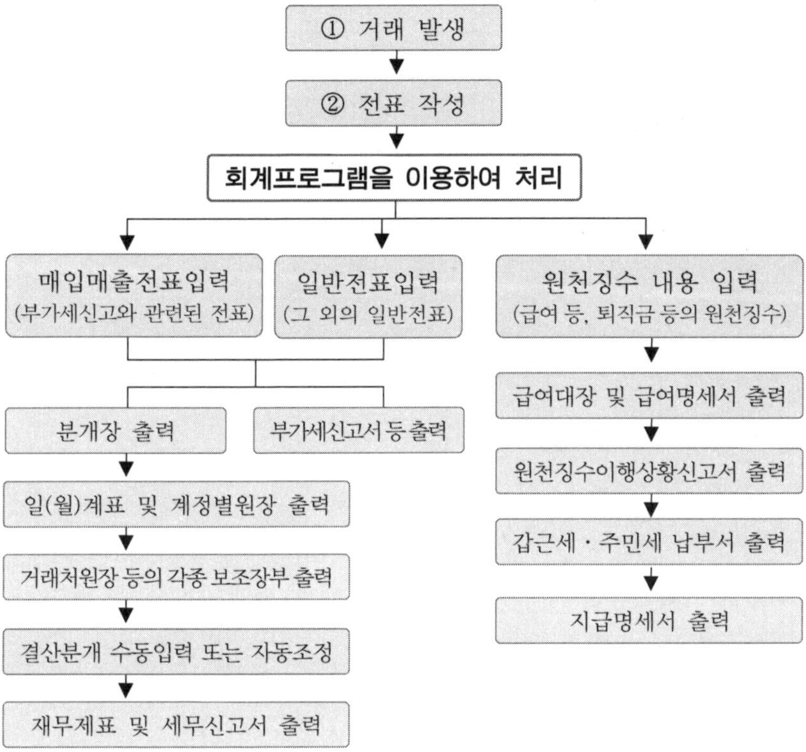

전산기장시 유의사항

① 계정과목을 코드별로 인식하므로 제조원가로 분류되는 계정코드와 손익계산서의 비용으로 분류되는 계정코드를 정확히 분류한다.

② 분개 입력시 거래처코드를 정확히 부여하여 거래처별원장이 작성되도록 한다.

③ 결산분개는 수동입력 또는 자동입력으로 하여야 하고, 혼합해서 입력하는 경우 종종 오류가 발생한다.

④ 주기적으로 디스켓 등에 자료를 백업 받아 놓는다.

제3장 복식부기

1. 복식부기의 원리

거래의 이중성

거래의 이중성이란 복식부기의 출발점이 되는 개념으로 회계상 거래가 기업의 재무상태에 미치는 영향을 특정원인과 특정결과의 결합관계로 분석하는 것을 말한다. 따라서 어떤 거래의 결과 기업이 소유하는 자산·부채·자본 등에 증가 또는 감소의 결과가 나타나면 반드시 그 증가 또는 감소의 원인이 동시에 밝혀지게 된다.

즉, 비품을 구입하면 비품이 들어오면서 현금이 나가는 것 또는 현금이 들어오면서 수익이 발생하는 것 등 하나의 거래를 들어오고 나가는 결과와 원인으로 분석하는 것을 말한다.

복식부기의 원리

복식부기는 거래의 이중성이라는 거래의 양면성에서 출발한다. 그리고, 복식부기에 의한 회계처리의 정당성은 회계등식 또는 대차대조표 등식에 의해 인정된다.

〈 대차대조표 등식 〉
자산 = 부채 + 자본

즉, 복식부기는 다음과 같은 원칙으로 움직인다.

구 분	차 변	대 변
대차대조표	자산	부채
		자본
손익계산서	비용	수익
	합 계	합 계

① 왼쪽을 차변이라 하고, 오른쪽을 대변이라 한다.

② 거래가 자산·부채·자본·수익·비용에 영향을 미치는 것이어야 한다.

③ 하나의 거래는 항상 차변과 대변에 동시에 같은 금액으로 영향을 미치기 때문에 차변 합계금액과 대변 합계금액은 항상 일치한다.

자산·부채·자본·수익·비용의 개념

대차대조표의 구성요소인 자산·부채·자본과 손익계산서의 구성요소인 수익·비용의 개념에 대하여 살펴보면 다음과 같다.

(1) 자산

기업이 소유한 금전, 권리, 물품 또는 동산, 부동산 등 재산적 가치가 있는 것을 말한다.

(2) 부채

기업이 다른 개인 등에게 현금 또는 다른 효익을 장래에 제공할 의무를 지는 것을 말한다. 쉽게 설명하면 빚 또는 빌어 쓴 것을 말한다.

(3) 자본

기업의 잔여지분으로서 자산과 부채의 차이이다.

(4) 수익

기업이 일정기간 판매 · 제공한 재화 · 용역의 합계액이며, 수익의 대표적인 것으로는 상품 · 제품의 판매로부터 나타나는 매출액이다.

(5) 비용

기업이 일정기간 수익을 얻기 위하여 소비 · 지출한 원가 등을 말한다.

2. 계정이란

회계상 거래

회계상의 거래는 부기상의 거래라고도 하는데, 자산 · 부채 · 자본(수익 · 비용)에 증감변화를 일으키는 모든 사항을 말한다. 회계상의 거래를 일상생활에서 통용되는 거래와 일치할 수도 있고 일치하지 않을 수도 있다.

다음의 예를 통해 살펴보자.

구 분	회계상의 거래	일상생활에서의 거래
① 현금을 주고 받으면서 상품을 매매하는 것	자산에 변동을 일으켰으므로 회계상의 거래임.	일상생활에서의 거래임.
② 상품의 주문 및 토지 · 건물에 대한 임대차 계약	단지 계약만으로는 회계상의 자산 등에 아무런 증감변화가 없으므로 회계상의 거래가 아님.	일상생활에서의 거래임.
③ 상품이 화재나 도난을 당한 경우	회계에서는 그 만큼 자산이 감소하였으므로 회계상의 거래임.	일상생활에서는 거래로 보지 않음.

계정의 개념

자산 · 부채 · 자본 · 수익 · 비용의 변화를 조직적으로 체계있게 측정 · 보고해야만 기업의 회계내용을 쉽게 이해할 수 있을 것이다. 따라서, 어떤 기준에 따라 항목들을 분류함으로써 편리하게 회계기록을 할 수 있는데, 이러한 회계상의 기록 · 계산단위를 계정(a/c, accounts)이라고 한다. 그리고, 계정의 명칭을 계정과목이라 한다.

계정의 차변과 대변

회계학에서는 계정의 왼편을 차변(debit), 계정의 오른편을 대변(credit)이라 부른다. 그리고 어떤 종류의 계정에 무엇이 기록되든 간에 계정의 왼편에 기입하는 것을 차변기입(debit entry), 계정의 오른편에 기입하는 것을 대변기입(credit entry)이라고 부른다.

(어떤 종류의 계정이든 간에)	
차　　변 (항상 왼편)	대　　변 (항상 오른편)

차변 또는 대변이란 어떤 특정한 의미를 가지고 있는 것은 아니고, 그냥 계정의 왼편을 지칭하기 위하여 차변, 계정의 오른편을 지칭하기 위하여 대변이라고 부를 뿐이다. 그러므로 차변이나 대변이라는 용어에 어떤 특정한 의미를 부여하지 말고, 단순히 왼편과 오른편을 지칭하는 관습적인 용어로 받아들여야 한다. 특히, 차변과 대변은 증가나 감소 혹은 차입이나 대여를 뜻하지 않음에 유의하여야 한다.

3. 분개란

분개의 원리

계정기입의 원리(분개)란 자산·부채·자본·수익·비용을 계정에 기입할 때 각 항목의 증가·감소가 각 계정의 차변·대변에 어떻게 기입되는가를 나타내는 것으로써 분개의 원리라고도 한다.

분개의 원리는 앞서 설명한 대차대조표등식에서 출발한다.

차 변	대 변
자 산 ⬆	부 채 ⬆
	자 본 ⬆
비 용 ⬆	수 익 ⬆

차 변	대 변
부 채 ⬇	자 산 ⬇
자 본 ⬇	
수 익 ⬇	비 용 ⬇

① 어떤 계정이든지 차변은 항상 왼편을 대변은 항상 오른편을 지칭한다.

② 자산의 증가는 차변에, 부채와 자본의 증가는 대변에 기입된다. 여기에서 각 계정의 증가가 나타나는 위치와 각 계정이 대차대조표에 나타나는 위치가 일치함을 볼 수 있다. 또한 수익의 증가는 대변, 비용의 증가는 차변에 기록되는데, 그 이유는 수익의 증가는 자본(정확하게는 이익잉여금)의 증가를 초래하기 때문에 자본의 증가가 나타나는 대변에 기록되어야 하며, 비용의 증가는 자본(정확하게는 이익잉여금)의 감소를 초래하기 때문에 자본의 감소가 나타나는 차변에 기록되어야하기 때문이다.

③ 각 계정의 감소는 증가하는 쪽의 반대편에 기록된다.

분개의 사례

(1) 상품 ₩3,000,000을 매입하고, 대금은 현금으로 지급하다.

상품(자산)의 증가 ₩3,000,000		현금(자산)의 감소 ₩3,000,000	
(차) 상품	₩3,000,000	(대) 현금	₩3,000,000

(2) 기계장치 ₩6,000,000을 외상으로 매입하다.

기계장치(자산)의 증가 ₩6,000,000		미지급금(부채)의 증가 ₩6,000,000	
(차) 기계장치	₩6,000,000	(대) 미지급금	₩6,000,000

♣ 상품을 외상으로 매입하였다면 대변에 외상매입금(주된 영업활동에서 발생한 채무)이라는 계정과목이지만, 기계장치는 주된 영업활동 이외에서 발생한 채무이므로 미지급금의 계정과목을 사용한다.

(3) 현금을 ₩1,000,000을 출자하여 개업하다.

현금(자산)의 증가 ₩1,000,000		자본금(자본)의 증가 ₩1,000,000	
(차) 현금	₩1,000,000	(대) 자본금	₩1,000,000

(4) 비품을 ₩50,000에 구입하고, 대금은 현금으로 지급하다.

비품(자산)의 증가 ₩50,000		현금(자산)의 감소 ₩50,000	
(차) 비품	₩50,000	(대) 현금	₩50,000

(5) 보통예금의 이자 ₩30,000을 현금으로 받다.

현금(자산)의 증가 ₩30,000		이자수익(수익)의 증가 ₩30,000	
(차) 현금	₩30,000	(대) 이자수익	₩30,000

♣ 보통예금이자는 보통 통장으로 입금된다. 이 경우의 분개는 다음과 같다.

보통예금(자산)의 증가	이자수익(수익)의 증가
(차) 보통예금	(대) 이자수익

(6) 단기차입금 중 ₩70,000을 현금으로 상환하다.

단기차입금(부채)의 감소 ₩70,000		현금(자산)의 감소 ₩70,000	
(차) 단기차입금	₩70,000	(대) 현금	₩70,000

(7) 수도광열비 ₩10,000을 현금으로 지급하다.

수도광열비(비용)의 발생 ₩10,000		현금(자산)의 감소 ₩10,000	
(차) 수도광열비	₩10,000	(대) 현금	₩10,000

(8) 통신비 ₩50,000이 보통예금통장에서 자동인출되다.

통신비(비용)의 발생 ₩50,000		보통예금(자산)의 감소 ₩50,000	
(차) 통신비	₩50,000	(대) 보통예금	₩50,000

(9) 기업주가 자본금 중 ₩100,000을 현금으로 인출하다.

자본금(자본)의 감소 ₩100,000		현금(자산)의 감소 ₩100,000	
(차) 자본금	₩100,000	(대) 현금	₩100,000

제4장
전 표

1. 전표의 이해

전표란 실무적으로 분개내용을 기록하는 표로 다음과 같은 기능과 용도 및 종류가 있다.

① 거래내용을 기록한다

② 거래의 증거가 되는 증빙문서를 첨부하여 증빙자료로 이용한다

③ 기업내부에서 내부통제의 목적 및 결제수단으로 이용한다.

전표는 여러 형태로 분류되나 실무적으로는 현금의 유·출입에 따른 입금전표·출금전표·대체전표를 분류한다.

2. 입금전표

입금거래와 입금전표의 발생

기업으로 현금이 들어오는 거래를 입금거래라 하고, 입금거래시 입금전표가 발생한다. 입금전표는 현금의 유입이 가시적으로 보이므로 현금전표임을 쉽게 알 수 있고 또 적시에 작성할 수 있다. 입금전표를 누락하면 자금시재의 차이로 인한 오류를 찾기도 쉽다. 여기서 현금이란 다음과 같은 것을 말한다.

현금	현금이 아닌 것
금전, 지폐, 자기앞수표, 소액환, 외화	받을어음, 당좌수표, 가계수표, 우표, 인지, 증지

입금전표가 발생하는 경우는 상당히 많을 수 있겠으나 그 유형별로 집계하면 다음과 같다.

차 변	대 변
현금의 증가	① 부채의 증가 ② 자본의 증가 ③ 수익의 증가 ④ 자산의 감소

입금전표의 작성요령

분개에서 자산인 현금이 증가한 것을 차변에 분개하는 거래를 이 전표에 기입한다. 그러나 입금전표의 "항목란"에는 분개할 때 현금계정의 상대계정과목인 "대변계정"만을 기입한다. 왜냐하면 입금전표 자체가 차변에 현금계정임을 뜻하는 전표다. 따라서 현금계정의 표시를 생략하고 분개 때의 상대계정명만을 기입해도 바로 차변에 현금과 대변에 이 계정을 분개한 거래를 기입한 전표임을 알 수 있기 때문이다.

NO. ____ **입 금 전 표**

2008년 07월 21일

과 목	매출	항 목	상품매출
적 요		금 액	
A상품 @10,000×50		500000	
대국실업			
합 계		₩ 500000	

- 날 짜 : 거래가 발생한 날을 기입한다(입 · 출금이 된 날을 의미함).
- N O. : 전표의 당해연도의 일련번호를 적는다(기재 안 해도 무방).
- 과 목 : 중분류 계정과목을 적는다.
- 항 목 : 해당 계정과목을 적는다.
- 적 요 : 거래사실을 요약해서 적는다(거래품목, 종류, 거래처 계산근거, 기간).
- 금 액 : 해당 금액을 적고 합계란에 합계 금액을 적는다.
- 결재란 : 담당계원이 결재하고 사장까지 결재하되 중간에서 전결권이 있으면 전결권자까지 결재한다.

입금전표에서 과목은 중분류계정과목을 적고 항목에는 소분류 계정과목을 적는다. 날짜는 전표 작성일자를 기입하고 적요란은 거래의 내역을 간결하고 구체적으로 기입하며 맨 마지막란에 거래처를 기입한다.

입금전표의 작성사례

현금 수입의 경우	복식부기의 변동	분 개
1. 현금으로 상품을 판 경우	차) 현금(자산) 증가 대) 수익 증가	차) 현금 ×× 대) 매출 ××
2. 은행에 현금 차입한 경우	차) 현금(자산) 증가 대) 부채 증가	차) 현금 ×× 대) 차입금 ××
3. 자본을 증자한 경우	차) 현금(자산) 증가 대) 자본 증가	차) 현금 ×× 대) 자본금 ××
4. 외상매출금을 회수한 경우	차) 현금(자산) 증가 대) 자산 감소	차) 현금 ×× 대) 외상매출금 ××
5. 차량운반구를 처분한 경우	차) 현금(자산) 증가 대) 자산 감소	차) 현금 ×× 대) 차량운반구 ××
6. 예금인출	차) 현금(자산) 증가 대) 자산 감소	차) 현금 ×× 대) 제예금 ××
7. 이자수익 수령	차) 현금(자산) 증가 대) 수익 증가	차) 현금 ×× 대) 이자수익 ××

상기 예와 관련하여 실제 분개를 전표에 기입하여 보면 다음과 같다.

(1) 현금으로 상품을 판 경우

A상품 1개를 500,000(부가세 별도)원에 용산상회(주)에 현금 판매하다(세금계산서를 교부하다).

【분개】

(차) 현금	550,000	(대) 매출 부가세예수금	500,000 50,000

NO. 001	입 금 전 표 2008년 07월 22일		
과 목	매출	항 목	상품매출
적 요		금 액	
A상품 @500,000×1		₩ 500000	
부가세예수		50000	
용산상회(주)			
합 계		₩ 550000	

(2) 은행에서 현금을 차입한 경우

조흥은행에서 1,000,000원을 현금으로 차입하다.

【분개】

(차) 현금	1,000,000	(대) 단기차입금	1,000,000

NO. 002	입 금 전 표 2008년 07월 22일		
과 목	유동부채	항 목	단기차입금
적 요		금 액	
조흥은행 단기차입		₩ 1000000	
조흥은행			
합 계		₩ 1000000	

(3) 자본을 증자한 경우

현금으로 50,000,000원을 증자하다.

【분개】

(차) 현금	50,000,000	(대) 자본금	50,000,000

입 금 전 표

NO. 003　　2008년 07월 22일

과 목	자본	항 목	자본금
적 요		금 액	
현금증자		₩ 5 0 0 0 0 0 0 0	
주주 김승경 외 2인			
합 계		₩ 5 0 0 0 0 0 0 0	

(4) 외상매출금을 회수한 경우

용산상회(주)로부터 외상매출금 1,000,000원을 회수하다.

【분개】

(차) 현금	1,000,000	(대) 외상매출금	1,000,000

입 금 전 표

NO. 004　　2008년 07월 22일

과 목	당좌자산	항 목	외상매출금
적 요		금 액	
외상매출금 회수		₩ 1 0 0 0 0 0 0	
용산상회(주)			
합 계		₩ 1 0 0 0 0 0 0	

(5) 차량운반구를 처분한 경우

차량운반구를 1,000,000원에 처분하다(감가상각계상 안함).

【분개】

(차) 현금 1,000,000	(대) 차량운반구 1,000,000

NO. 005

입 금 전 표

2008년 07월 22일

과 목	유형자산	항 목	차량운반구
적 요		금 액	
차량 4682 매각대금		₩ 1 000 000	
장안중고센타			
합 계		₩ 1 000 000	

(6) 예금인출

보통예금에서 1,000,000원을 인출하다.

【분개】

(차) 현금 1,000,000	(대) 보통예금 1,000,000

NO. 006

입 금 전 표

2008년 07월 22일

과 목	당좌자산	항 목	보통예금
적 요		금 액	
보통예금인출		₩ 1 000 000	
조흥은행			
합 계		₩ 1 000 000	

(7) 이자수익 수령

이자수익 1,000,000원을 현금 수령하다.

【분개】

(차) 현금	1,000,000	(대) 이자수익	1,000,000

NO. 007

입 금 전 표

2008년 07월 22일

과 목	영업외수익	항 목	이자수익
적 요		금 액	
정기예금이자		₩ 1,000,000	
(2002년 2.1부터 2002년 7.31일까지 이자)			
조흥은행			
합 계		₩ 1,000,000	

3. 출금전표

출금거래와 출금전표의 발생

기업에서 현금이 인출되는 거래를 출금거래라 하며, 이 출금거래 시 출금전표를 작성한다. 따라서 현금의 시재액은 입금전표와 출금전표를 비교하여 그 잔액이 항상 맞아야 하며 전표나 증빙이 없이 출금되어서는 안된다.

출금전표가 발생하는 경우는 상당히 많을 수 있겠으나 그 유형별로 집계하면 다음과 같다.

차 변	대 변
① 자산의 증가 ② 부채의 감소 ③ 자본의 감소 ④ 비용의 증가	현금의 감소

출금전표의 작성요령

분개에서 자산인 현금이 감소한 것을 대변에 분개하는 거래를 이 전표에 기입한다. 그러나 출금전표의 "항목란"에는 분개할 때 현금계정의 상대계정과목인 "차변계정"만을 기입한다. 왜냐하면 출금전표 자체가 대변에 현금계정임을 뜻하는 전표다.

따라서 현금계정의 표시를 생략하고 분개 때의 상대계정명만을 기입해도 바로 대변에 현금과 차변에 이 계정을 분개한 거래를 기입한 전표임을 알 수 있기 때문이다.

NO. ______ **출 금 전 표**

2008년 07월 22일

과 목	판매비와관리비	항 목	접대비
적 요		금 액	
무악건설수주관계 식사대접		₩ 1 0 0 0 0 0	
무악건설			
합 계		₩ 1 0 0 0 0 0	

출금전표의 작성요령은 입금전표와 동일하며 구체적이고 간결하게 적는다. 출금전표 대신 지출결의서를 사용해도 무방하며 지출결의서를 출금전표 이면에 붙이기도 한다.

출금전표의 작성사례

출금전표의 유형은 재고자산의 구입, 고정자산구입, 각종 비용의 지급 등 다양하다.

현금 지출의 경우	복식부기의 변동	분 개
1. 현금으로 비품을 구입한 경우	차) 비품(자산) 증가 대) 현금(자산) 감소	차) 비품 ×× 대) 현금 ××
2. 외상매입금을 지급한 경우	차) 외상매입금(부채) 감소 대) 현금(자산) 감소	차) 외상매입금 ×× 대) 현금 ××
3. 접대비를 지급한 경우	차) 접대비(비용) 증가 대) 현금(자산) 감소	차) 접대비 ×× 대) 현금 ××
4. 단기차입금을 상환한 경우	차) 단기차입금(부채) 감소 대) 현금(자산) 감소	차) 단기차입금 ×× 대) 현금 ××
5. 이자비용을 지급한 경우	차) 이자비용(비용)증가 대) 현금(자산) 감소	차) 이자비용 ×× 대) 현금 ××

상기 예와 관련하여 실제 분개를 전표에 기입하여 보면 다음과 같다.

(1) 현금으로 비품을 구입한 경우

컴퓨터 1대를 1,500,000원(부가세 별도)에 현금 구입하다(세금계산서 받다).

【분개】

(차)		(대)	
비품	1,500,000	현금	1,650,000
부가세대급금	150,000		

NO. 008

출 금 전 표

2008년 07월 22일

과 목	유형자산, 당좌자산	항 목	비품, 부가세대급금
적 요		금 액	
컴퓨터 1대		₩1500000	
부가세대급금		150000	
한강상회			
합 계		₩1650000	

(2) 외상매입금을 지급한 경우

상주상사의 외상매입금 중 2,500,000원을 현금으로 지급하다.

【분개】

(차) 외상매입금 2,500,000	(대) 현금 2,500,000

NO. 009

출 금 전 표

2008년 07월 22일

과 목	유동부채	항 목	외상매입금
적 요		금 액	
상주상사 외상매입금 지급		₩2500000	
상주상사			
합 계		₩2500000	

(3) 접대비를 지급한 경우

접대비 500,000원을 현금으로 지급하다.

【분개】

(차) 접대비 500,000	(대) 현금 500,000

NO. 010

출 금 전 표

2008년 07월 22일

과 목	판매비와관리비	항 목	접대비
적 요		금 액	
용산건설수주관계 접대비		₩500000	
용상주점			
합 계		₩500000	

(4) 단기차입금을 상환한 경우

단기차입금 1,500,000원을 상환하다.

【분개】

(차) 단기차입금	1,500,000	(대) 현금	1,500,000

NO. 011

출 금 전 표

2008년 07월 22일

과 목	유동부채	항 목	단기차입금

적 요	금 액										
단기차입금 상환			₩	1	5	0	0	0	0	0	
조흥은행											
합 계			₩	1	5	0	0	0	0	0	

(5) 이자비용을 지급한 경우

이자비용 1,000,000원을 지급하다.

【분개】

(차) 이자비용	1,000,000	(대) 현금	1,000,000

NO. 012

출 금 전 표

2008년 07월 22일

과 목	영업외비용	항 목	이자비용

적 요	금 액										
이자비용 지급			₩	1	0	0	0	0	0	0	
조흥은행											
합 계			₩	1	0	0	0	0	0	0	

4. 대체전표

대체거래와 대체전표의 발생

대체거래란 현금이 전혀 수반되지 않거나 일부만 수반되는 거래를 말하며, 이 대체거래 발생시 대체전표를 사용한다. 현금의 유출입이 없으므로 가시적으로 보이지는 않지만 입·출금전표에 비해 경우의 수가 더 다양하고 복잡하다.

대체전표가 발생하는 경우는 상당히 많을 수 있겠으나 그 유형별로 집계하면 다음과 같다.

차 변	대 변
① 자산의 증가 ② 자산의 증가 ③ 비용의 증가	① 수익의 증가 ② 부채의 증가 ③ 부채의 증가
④ 자산·부채·자본·수익·비용 내에서의 이동	

대체전표의 작성요령

NO.

대 체 전 표

(차변) 2008년 07월 21일 (대변)

과 목	적 요	금 액	과 목	적 요	금 액
외상매출금	가나상사	₩500000	매출	감상품	₩500000
합 계		₩500000	합 계		₩500000

- 대체전표는 현금 입·출금과는 관계없이 계정간의 대체에만 사용하므로 과목란에 해당 계정과목(소분류 과목)을 기입하고 적요

란은 간략하게 적는다.

• 적요 기입시 매출란은 매출내용이 중요하며 외상매출금은 어느 거래처에 판매한 것인가가 중요함. 즉, 매출을 보고 품목별 매출을 파악할 것이며 외상매출금을 보고 거래처별 외상매출금 잔액을 파악하는 것이다. 대체전표는 후술하는 복식부기의 분개 형태로 계정과목간의 대체이므로 소분류 계정과목을 기입하며 적요란에 특별히 기입할 것이 없으므로 계정대체, 또는 결산대체 등으로 간략하게 대체의 원인이나 이유를 기입하기도 한다.

대체전표의 작성사례

대체전표의 발생시기나 해당여부는 일률적으로 규정할 수 없지만 이론적으로 복식부기 구성요소인 자산・부채・자본・수익・비용에 영향을 미치는 때이다.

거 래 형 태	복식부기의 변동	분 개
1. 상품을 외상판매하는 경우	차) 자산증가 대) 수익증가	차) 외상매출금 ×× 대) 매출 ××
2. 차입하여 예금한 경우	차) 자산증가 대) 부채증가	차) 예금 ×× 대) 차입금 ××
3. 접대비 청구서 오는 경우	차) 비용증가 대) 부채증가	차) 접대비 ×× 대) 미지급금 ××
4. 자산간의 이동 (채권의 어음수금)	차) 자산증가 대) 자산감소	차) 받을어음 ×× 대) 외상매출금 ××
5. 부채간의 이동(어음 지급)	차) 부채감소 대) 부채증가	차) 외상매입금 ×× 대) 지급어음 ××
6. 차입금의 상환	차) 부채감소 대) 자산감소	차) 차입금 ×× 대) 예금 ××
7. 오류정정	차) 비용증가 대) 비용감소	차) 복리후생비 ×× 대) 접대비 ××

상기 예와 관련하여 실제 분개를 전표에 기입하여 보면 다음과 같다.

(1) 상품을 외상판매하는 경우

상품을 1,000,000원(부가세 별도)에 외상판매하고 세금계산서 교부하다.

【분개】

차변		대변	
(차) 외상매출금	1,100,000	(대) 매출	1,000,000
		부가세예수금	100,000

NO. 013

대 체 전 표

(차변) 2008년 07월 22일 (대변)

과 목	적 요	금 액	과 목	적 요	금 액
외상매출금	용산상회(주)	₩1100000	매출	감상품	₩1000000
			부가세예수금		100000
합 계		₩1100000	합 계		₩1100000

(2) 차입하여 예금한 경우

신탁은행에 10,000,000원을 차입하여 보통예금에 입금하다.

【분개】

차변		대변	
(차) 보통예금	10,000,000	(대) 단기차입금	10,000,000

NO. 014

대 체 전 표

(차변) 2008년 07월 22일 (대변)

과 목	적 요	금 액	과 목	적 요	금 액
보통예금	신탁은행	₩10000000	단기차입금	신탁은행	₩10000000
합 계		₩10000000	합 계		₩10000000

(3) 접대비 청구서가 오는 경우 룸싸롱에서 접대비 1,000,000원을 청구하다.

【분개】

(차) 접대비 1,000,000	(대) 미지급금 1,000,000

NO. 015

대 체 전 표

(차변) 2008년 07월 22일 (대변)

과 목	적 요	금 액	과 목	적 요	금 액
접대비	룸싸롱청구	₩1000000	미지급금	접대비	₩1000000
합 계		₩1000000	합 계		₩1000000

(4) 자산간의 이동(채권의 어음수금)

용산상회(주) 외상매출금 중 10,000,000원을 어음으로 받다.

【분개】

(차) 받을어음 10,000,000	(대) 외상매출금 10,000,000

NO. 016

대 체 전 표

(차변) 2008년 07월 22일 (대변)

과 목	적 요	금 액	과 목	적 요	금 액
받을어음	용산상회(주)	₩10000000	외상매출금	어음수금	₩10000000
	NO.1345			용산상회(주)	
합 계		₩10000000	합 계		₩10000000

(5) 부채간의 이동(어음지급)

한강상회 외상매입금 중 10,000,000원을 어음으로 지급하다.

【분개】

(차) 외상매입금	10,000,000	(대) 지급어음	10,000,000

NO. 017

대 체 전 표

(차변) 2008년 07월 22일 (대변)

과 목	적 요	금 액	과 목	적 요	금 액
외상매입금	한강상회	₩10000000	지급어음	한강상회	₩10000000
	NO.13456			NO.123456	
합 계		₩10000000	합 계		₩10000000

(6) 차입금의 상환

차입금 10,000,000원을 보통예금으로 상환하다.

【분개】

(차) 단기차입금	10,000,000	(대) 보통예금	10,000,000

NO. 018

대 체 전 표

(차변) 2008년 07월 22일 (대변)

과 목	적 요	금 액	과 목	적 요	금 액
단기차입금	신탁은행	₩10000000	보통예금	신탁은행	₩10000000
합 계		₩10000000	합 계		₩10000000

(7) 오류정정

접대비 200,000원 중 100,000원은 복리후생비이다.

【분개】

(차) 복리후생비 100,000	(대) 접대비 100,000

NO. 019

대 체 전 표

(차변) 2008년 07월 22일 (대변)

과 목	적 요	금 액	과 목	적 요	금 액
복리후생비	계정오류	₩100000	접대비	계정오류	₩100000
	(접대비)			(복리후생비)	
합 계		₩100000	합 계		₩100000

tip 전표에서 장부로 옮겨 적는 전기

전기란 발생된 전표를 보고 그 내용을 총계정원장 등의 장부에 옮겨적는 과정을 말한다. 거래를 측정 · 분류 · 요약하는 과정이 분개라면 전기는 분개한 것을 계정과목별로 다시 분류 · 요약하는 과정이라고 할 수 있다.

작성연습 1 【입금전표】

다음의 거래를 분개하고, 입금전표를 작성하라.

문제1 3월4일 : 갑상품 1개를 700,000(부가세 별도)원에 용산상회(주)에 현금으로 판매하고 세금계산서를 교부하다.

【3월4일 분개】

(차) 현금 770,000	(대) 매출 700,000 부가세예수금 70,000

NO. ______

입 금 전 표

2008년 03월 04일

과 목	매출, 유동부채	항 목	상품매출, 부가세예수금
적 요		금 액	
갑상품 @700,000×1		₩700000	
부가세예수		70000	
용산상회(주)			
합 계		₩770000	

문제2 3월15일 : 우리은행에서 1,000,000원을 현금으로 차입하다.

【3월15일 분개】

(차) 현금 1,000,000	(대) 단기차입금 1,000,000

NO. ______

입 금 전 표

2008년 03월 15일

과 목	유동부채	항 목	단기차입금
적 요		금 액	
우리은행 단기차입		₩1000000	
우리은행			
합 계		₩1000000	

문제3 3월20일 : 용산상회(주)로부터 외상매출금 2,000,000원을 회수하다.

【3월20일 분개】

(차) 현금	2,000,000	(대) 외상매출금	2,000,000

NO. ______

입 금 전 표

2008년 03월 20일

과 목	당좌자산	항 목	외상매출금
적 요		금 액	
외상매출금 회수		₩ 2 0 0 0 0 0 0	
용산상회(주)			
합 계		₩ 2 0 0 0 0 0 0	

문제4 3월30일 : 보통예금에서 1,000,000원을 인출하다.

【3월30일 분개】

(차) 현금	1,000,000	(대) 보통예금	1,000,000

NO. ______

입 금 전 표

2008년 03월 30일

과 목	당좌자산	항 목	보통예금
적 요		금 액	
보통예금인출		₩ 1 0 0 0 0 0 0	
우리은행			
합 계		₩ 1 0 0 0 0 0 0	

작성연습 2 【 출금전표 】

다음의 거래를 분개하고, 출금전표를 작성하라.

문제1 4월3일 : 노트북 1대를 2,500,000원(부가세 별도)에 현금으로 구입하다.

【4월3일 분개】

(차)		(대)	
비품	2,500,000	현금	2,750,000
부가세대급금	250,000		

출 금 전 표

NO. ____

2008년 04월 03일

과 목	유형자산, 당좌자산	항 목	비품, 부가세대급금
적 요		금 액	
노트북 1대		₩2,500,000	
부가세대급금		250,000	
한강상회			
합 계		₩2,750,000	

문제2 4월10일 : 상주상사의 외상매입금 중 2,000,000원을 현금으로 지급하다.

【4월10일 분개】

(차)		(대)	
외상매입금	2,000,000	현금	2,000,000

출 금 전 표

NO. ____

2008년 04월 10일

과 목	유동부채	항 목	외상매입금
적 요		금 액	
상주상사 외상매입금 지급		₩2,000,000	
상주상사			
합 계		₩2,000,000	

문제3 4월20일 : 임직원 유니폼 구입비 500,000원을 현금으로 지급하다.

【4월20일 분개】

(차) 복리후생비 500,000	(대) 현금 500,000

NO.	출금전표		
	2008년 04월 20일		
과 목	판매비와관리비	항 목	복리후생비

적 요							금				액
직원 유니폼 구입비			₩	5	0	0	0	0	0		
유니상사											
합 계			₩	5	0	0	0	0	0		

tip '병원, 시험실, 금융기관, 공장, 광산 등 역무에 종사하는 자가 받는 작업복이나 그 직장에서만 착용하는 피복은 복리후생비로서 소득세를 과세하지 않는 것이나 직원들에게 지급한 피복이 회사의 마크가 없고 외출복으로도 착용가능한 일반피복(동절기 잠바 및 하절기 티셔츠)의 경우에는 근로소득으로 보아 근로소득세를 과세하여야 한다(법인 46013-2331, 1998. 08.18).

문제4 4월22일 : 단기차입금 1,500,000원을 상환하다.

【4월22일 분개】

(차) 단기차입금 1,500,000	(대) 현금 1,500,000

NO.	출금전표		
	2008년 04월 22일		
과 목	유동부채	항 목	단기차입금

적 요							금				액
단기차입금 상환		₩	1	5	0	0	0	0	0		
조흥은행											
합 계		₩	1	5	0	0	0	0	0		

문제5 4월30일 : 이자비용 1,200,000원을 지급하다.

【4월30일 분개】

(차) 이자비용 1,200,000	(대) 현금 1,200,000

NO. ______

출 금 전 표

2008년 04월 30일

과 목	영업외비용				항 목	이자비용					
적 요	금 액										
이자비용 지급			₩	1	2	0	0	0	0	0	
조흥은행											
합 계			₩	1	2	0	0	0	0	0	

작성연습 3【대체전표】

다음의 거래를 분개하고, 대체전표를 작성하라.

문제1 5월3일 : 상품을 외상으로 2,000,000원(부가세 별도)에 판매하고 세금계산서를 교부하다.

【5월3일 분개】

(차) 외상매출금 2,200,000	(대) 매출 2,000,000 부가세예수금 200,000

⇩

대 체 전 표

NO. ____

(차변) 2008년 05월 03일 (대변)

과 목	적 요	금 액	과 목	적 요	금 액
외상매출금	용산상회(주)	₩2200000	상품매출	A상품	₩2000000
			부가세예수금		200000
합 계		₩2200000	합 계		₩2200000

문제2 5월11일 : 우리은행에 10,000,000원을 차입하여 보통예금에 입금하다.

【5월11일 분개】

(차) 보통예금 10,000,000	(대) 단기차입금 10,000,000

⇩

대 체 전 표

NO. ____

(차변) 2008년 05월 11일 (대변)

과 목	적 요	금 액	과 목	적 요	금 액
보통예금	우리은행	₩10000000	단기차입금	우리은행	₩10000000
합 계		₩10000000	합 계		₩10000000

문제3 5월15일 : 컴퓨터 1대를 구입하면서 1,000,000원을 미지급하다.

【5월15일 분개】

(차) 비품 1,000,000	(대) 미지급금 1,000,000

대 체 전 표

NO. ____

(차변) 2008년 05월 15일 (대변)

과 목	적 요	금 액	과 목	적 요	금 액
비품	컴퓨터	₩1000000	미지급금	비품구입	₩1000000
합 계		₩1000000	합 계		₩1000000

문제4 5월20일 : 용산상회(주) 외상매출금 중 20,000,000원을 어음으로 받다.

【5월20일 분개】

(차) 받을어음 20,000,000	(대) 외상매출금 20,000,000

대 체 전 표

NO. ____

(차변) 2008년 05월 20일 (대변)

과 목	적 요	금 액	과 목	적 요	금 액
받을어음	용산상회(주)	₩20000000	외상매출금	어음수금	₩20000000
	NO.12345				
합 계		₩20000000	합 계		₩20000000

문제5 5월30일 : 한강상회 외상매입금 중 10,000,000원을 어음으로 지급하다.

【5월30일 분개】

(차) 외상매입금 10,000,000	(대) 지급어음 10,000,000

대 체 전 표

NO.

(차변) 2008년 05월 30일 (대변)

과 목	적 요	금 액	과 목	적 요	금 액
외상매입금	한강상회	₩10000000	지급어음	한강상회	₩10000000
	NO.12345			NO.12345	
합 계		₩10000000	합 계		₩10000000

문제6 5월31일 : 차입금 10,000,000원을 보통예금으로 상환하다.

【5월31일 분개】

(차) 단기차입금 10,000,000	(대) 보통예금 10,000,000

대 체 전 표

NO.

(차변) 2008년 05월 31일 (대변)

과 목	적 요	금 액	과 목	적 요	금 액
단기차입금	우리은행	₩10000000	보통예금	우리은행	₩10000000
합 계		₩10000000	합 계		₩10000000

제5장 현금출납장과 보통예금출납장

1. 현금출납장

현금거래의 회계처리

공표용에는 「현금및현금성자산」계정으로 통합하지만 실무상으로는 현금, 보통예금, 당좌예금 등으로 구분하여 사용한다.

(1) 임차료를 지급하는 경우

8월분 사무실 임차료 2,000,000원(부가세 별도)을 현금으로 지급하다.

【분개】

(차)		(대)	
임차료	2,000,000	현금	2,200,000
부가세대급금	200,000		

tip **일상적인 현금** : 동전, 지폐, 자기앞수표
회계상의 현금 : 일상적인 현금 + 당좌예금, 보통예금, 타인발행수표, 송금수표, 가계수표, 우편환증서, 공사채만기이자표, 배당금영수증, 등

(2) 외상매출금을 현금으로 받은 경우

외상매출금 중 1,000,000원을 현금으로 회수하다.

【분개】

(차)		(대)	
현금	1,000,000	외상매출금	1,000,000

(3) 자동차세를 납부하는 경우

자동차세 350,000원을 현금으로 납부하다.

【분개】

(차)		(대)	
세금과공과	350,000	현금	350,000

(4) 통신비를 지급하는 경우

500,000원(부가세 별도)의 전화요금고지서를 현금으로 납부하다.

【분개】

(차)		(대)	
통신비	500,000	현금	550,000
부가세대급금	50,000		

(5) 여비교통비를 지급하는 경우

당사 직원의 특근교통비 30,000원을 현금으로 지급하다.

【분개】

(차)		(대)	
여비교통비	30,000	현금	30,000

tip 전화요금고지서는 세금계산서로 볼 수 있다. 다만, 공급받는 자의 사업자등록번호가 기재되어 있어야 한다.
⇒전화국에 사업자등록증 사본을 팩스로 넣어 고지서에 등록번호가 기재되도록 하자.

(6) 운반비를 지급하는 경우

상품을 판매하면서 운반비 1,000,000원(부가세 별도)을 현금으로 지급하다.

【분개】

(차)		(대)	
운반비	1,000,000	현금	1,100,000
부가세대급금	100,000		

tip 상품·제품 판매시에 부담하는 운반비는 판매비와관리비의 계정으로 처리하고, 상품·제품 취득시에 부담하는 운반비는 그 상품·제품의 취득원가에 가산하여야 한다.

현금출납장의 작성요령

현금출납장은 장부 중에서 가장 기초가 되는 것으로 현금의 입·출금의 내역을 매일매일 기록하는 장부이다. 현금출납장의 잔액과 실제 보유하고 있는 시재액은 일치하여야 한다.

현금출납장의 형태는 다음과 같다.

현금출납장

기간 : 2008년 11월 1일 ~ 2008년 11월 30일

(주)나토얀 (단위 : 원)

일 자	적	요	입 금	출 금	잔 액
11/1	보통예금 현금인출		20,000,000		
11/1	자산매입시 일부현금지급	현대자동차		6,000,000	
11/1	사무집기 구입	퍼시스		5,500,000	8,500,000
11/3	상품매입	(주)금풍산업		5,250,000	3,250,000
11/7	만기1년, 연10%	국민은행	12,000,000		15,250,000
11/10	상품매출	삼일건설(주)	13,750,000		29,000,000
11/15	소모품비 지급	알파문구		80,000	28,920,000
11/18	복사기 임대료 6개월선납	신도리코		628,000	28,292,000
11/22	2천주 매입	유양정보(주)		15,000,000	13,292,000
11/23	보통예금 현금인출	국민은행	22,000,000		35,292,000
11/25	급여 등 지급	11월 급여		4,850,000	30,442,000
11/30	창고화재보험료	삼성화재		2,000,000	
11/30	사무실임대료 6개월선납	건물임대료		12,000,000	16,442,000
	[월	계]	67,750,000	51,308,000	
	[누	계]	67,750,000	51,308,000	

① 일자란 : 해당 일자를 기입한다.

② 적요란 : 현금 입·출금의 간략한 내용과 상대거래처 등을 기입한다.

③ 입금란 : 차변에 현금계정이 있는 금액을 기입한다.

④ 출금란 : 대변에 현금계정이 있는 금액을 기입한다.

2. 보통예금출납장

보통예금의 회계처리

(1) 보통예금에 입금한 경우

현금 1,000,000원을 보통예금에 입금하다.

【분개】

(차)		(대)	
보통예금	1,000,000	현금	1,000,000

(2) 보통예금에서 출금한 경우

보통예금에서 1,000,000원을 출금해 오다.

【분개】

(차)		(대)	
현금	1,000,000	보통예금	1,000,000

(3) 예금이자가 입금된 경우

보통예금의 이자 5,000원이 통장에 입금되다.

【분개】

(차)		(대)	
보통예금	5,000	이자수익	5,000

(4) 카드매출에 대한 외상매출금이 보통예금으로 입금된 경우

신용카드매출분 1,000,000원이 카드수수료 30,000원을 제외하고 970,000원이 보통예금에 입금되다.

【분개】

(차)		(대)	
보통예금	970,000	외상매출금	1,000,000
지급수수료	30,000		

♣ 카드매출 당시의 분개

(차)		(대)	
외상매출금(LG카드)	1,000,000	매출	1,000,000

보통예금출납장의 작성요령

보통예금출납장은 보통예금 계좌별로 거래내역을 매일매일 기록하는 장부이다. 이는 거래은행의 사이트에서 다운받아 수정하여 작성할 수 있다.

보통예금출납장의 형태는 다음과 같다.

보통예금출납장

기간 : 2008년 11월 1일 ~ 2008년 11월 30일

(주)나토얀 (단위 : 원)

일자	적요		입금	출금	잔액
11/1	보통예금 현금인출		20,000,000		
11/1	자산매입시 일부현금지급	현대자동차		6,000,000	
11/1	사무집기 구입	퍼시스		5,500,000	8,500,000
11/3	상품매입	(주)금풍산업		5,250,000	3,250,000
11/7	만기1년, 연10%	국민은행	12,000,000		15,250,000
11/10	상품매출	삼일건설(주)	13,750,000		29,000,000
11/15	소모품비 지급	알파문구		80,000	28,920,000
11/18	복사기 임대료 6개월선납	신도리코		628,000	28,292,000
11/22	2천주 매입	유양정보(주)		15,000,000	13,292,000
11/23	보통예금 현금인출	국민은행	22,000,000		35,292,000
11/25	급여 등 지급	11월 급여		4,850,000	30,442,000
11/30	창고화재보험료	삼성화재		2,000,000	
11/30	사무실임대료 6개월선납	건물임대료		12,000,000	16,442,000
	[월	계]	67,750,000	51,308,000	
	[누	계]	67,750,000	51,308,000	

① 일자란 : 해당 일자를 기입한다.

② 적요란 : 보통예금 입·출금의 간략한 내용과 상대거래처 등을 기입한다.

③ 입금란 : 통장으로 입금된 금액을 기입한다.

④ 출금란 : 통장에서 출금된 금액을 기입한다.

3. 입금표

외상대금의 회수가 통장으로 되는 경우에는 예금통장이 증빙자료이지만, 현금 또는 어음 등으로 회수하는 경우에는 입금표가 증빙자료이다. 즉, 입금표는 외상으로 상품 등을 판매한 후에 그 대금을 받을 때 작성하는 장부이다. 입금표의 발행은 실제로 대금을 영수하는 시점에 작성하여야 하며, 거래명세표와 마찬가지로 사인간의 증빙일 뿐이지 세무상 인정되는 증빙서류는 아니다. 입금표는 2장을 작성하여 공급자용은 보관하고, 공급받는자용은 거래상대방에게 교부한다.

(주)나토얀은 2008년 7월 31일에 한손상사로부터 550,000원(부가세 포함)을 현금으로 지급받았다.
입금표를 작성해 보면 다음과 같다.

【분개】

(차) 현금 550,000	(대) 외상매출금 550,000

입 금 표

(공급받는자 보관용) 한손상사 귀하

공급자			
등록번호	108-46-40486		
상 호	(주)나토얀	성명	김곽지
사업장 소재지	서울 양천 목동 923-5		
업 태	도·소매	종목	컴퓨터외

작성			금액											세액								
년	월	일		십	억	천	백	십	만	천	백	십	일	억	천	백	십	만	천	백	십	일
08	07	31						5	0	0	0	0	0					5	0	0	0	0

합계	백	십	억	천	백	십	만	천	백	십	일
						5	5	0	0	0	0

내 용 :

위의 금액을 정히 영수함.

작성요령

① 귀하란 : 공급받는자의 상호를 기입한다.

② 공급자란 : 공급자의 등록번호 등을 기입한다.

③ 작성연월일 · 공급가액 · 세액란과 합계란을 각각 기입한다.

④ 내용란 : 수표나 어음을 영수한 경우에는 결재은행, 결재일, 어음번호 등을 기입한다.

tip 경리업무시의 유의사항

① 매일 현금출납장을 작성하여 현금시재액과 대조 · 확인한다.

② 출납의 경우 증빙이 적정한지 확인한 후 지급하고, 정규증빙서류 수취 의무 여부를 확인한다.

③ 예금은 건별로 입 · 출금 관리하며, 은행별 일일 시재관리를 한다.

④ 통장에 사용하는 인감은 하나로 통일하며, 통장과 인감은 각각 분리하여 관리 · 보관한다.

⑤ 월별 장부와 은행 시재를 확인한다.

⑥ 수입인지, 우표는 통화대용증권이지만, 실무상 수입인지는 세금과공과로 처리하고 우표는 통신비로 구입시 비용 처리한다.

작성연습 1【현금출납장】

(주)나토얀의 8월의 현금에 대한 다음의 거래에 대하여 분개 및 전표작성과 현금출납장을 작성해 보자.

문제1 8월1일 : 한손상사의 외상매출금 중 1,000,000원을 현금으로 회수하다.

【8월1일 분개】

차변	금액	대변	금액
(차) 현금	1,000,000	(대) 외상매출금	1,000,000

문제2 8월2일 : 보통예금(조흥은행)에서 1,000,000원을 출금해 오다.

【8월2일 분개】

차변	금액	대변	금액
(차) 현금	1,000,000	(대) 보통예금	1,000,000

문제3 8월3일 : 상주상사로부터 10,000,000원(부가세 별도)의 갑상품을 주문하면서 계약금으로 1,000,000원을 현금으로 지급하다.

【8월3일 분개】

차변	금액	대변	금액
(차) 선급금	1,000,000	(대) 현금	1,000,000

문제4 8월5일 : 위의 갑상품을 납품받고, 대금 중 1,000,000원을 현금으로 지급하고 나머지는 외상으로 하다.

【8월5일 분개】

차변	금액	대변	금액
(차) 상품	10,000,000	(대) 현금	1,000,000
부가세대급금	1,000,000	선급금	1,000,000
		외상매입금	9,000,000

문제5 8월11일 : 건물에 대한 화재보험료 1년분 2,000,000원을 납부하다.

【8월11일 분개】

(차) 보험료	2,000,000	(대) 현금	2,000,000

문제6 8월17일 : 한강상회에서 갑상품을 5,000,000원(부가세 별도)에 현금으로 판매하다.

【8월17일 분개】

(차) 현금	5,500,000	(대) 매출	5,000,000
		부가세예수금	500,000

문제7 8월23일 : 인재개발실 직원의 출장비 명목으로 여비규정에 의한 개산액 500,000원을 가지급하다.

【8월23일 분개】

(차) 가지급금	500,000	(대) 현금	500,000

문제8 8월31일 : 법인세 중간예납세액 500,000원을 납부하다.

【8월31일 분개】

(차) 선납세금	500,000	(대) 현금	500,000

현금출납장

기간 : 2008년 08월 01일 ~ 2008년 08월 31일

(주)나토얀 (단위 : 원)

일 자	적	요	입 금	출 금	잔 액
7/31	보통예금 현금인출	조흥은행	2,000,000		6,442,000
	[월 계] [누 계]		7,750,000 7,750,000	1,308,000 1,308,000	
8/1	외상매출금 회수	대국실업	1,000,000		7,442,000
8/2	보통예금 인출	조흥은행	1,000,000		8,442,000
8/3	갑상품 주문	소국실업		1,000,000	7,442,000
8/5	갑상품 납품됨	소국실업		1,000,000	6,442,000
8/11	건물화재보험료 1년분	엘지화재		2,000,000	4,442,000
8/17	갑상품 현금판매	대국실업	5,500,000		9,942,000
8/23	출장비 가지급	인재개발실		500,000	9,442,000
8/31	법인세 중간예납	영등포세무서		500,000	8,942,000
	[월 계] [누 계]		7,500,000 15,250,000	5,000,000 6,308,000	

작성연습 2 【보통예금출납장】

다음의 거래를 분개하고, 현금출납장과 보통예금출납장을 작성하라(보통예금계좌는 하나다).

문제1 5월1일 : 전월이월 현금잔액은 1,100,000원이다.
5월3일 : 도서를 100,000원에 현금으로 구입하다.

【5월3일 분개】

차변	금액	대변	금액
(차) 도서인쇄비	100,000	(대) 현금	100,000

tip
- 도서는 부가가치세 면세재화이다. 건당 3만원 이상인 경우에는 계산서 또는 신용카드매출전표를 증빙서류로 챙겨두자.
- 신문구독료, 잡지구독료 등도 도서인쇄비의 계정으로 처리한다.

문제2 5월6일 : 명함인쇄비용 55,000원(부가세 포함)을 현금 지급하다.

【5월6일 분개】

차변	금액	대변	금액
(차) 도서인쇄비	50,000	(대) 현금	55,000
부가세대급금	5,000		

문제3 5월8일 : 가나상사의 외상매출금 1,000,000원이 보통예금통장으로 입금되다.

【5월8일 분개】

차변	금액	대변	금액
(차) 보통예금	1,000,000	(대) 외상매출금	1,000,000

문제4 5월10일 : 전기료 55,000원(부가세 포함)을 현금으로 납부하다.

【5월10일 분개】

차변	금액	대변	금액
(차) 수도광열비	50,000	(대) 현금	55,000
부가세대급금	5,000		

tip
- 전기료 지로영수증은 세금계산서로 볼 수 있다. 단, 공급받는 자의 사업자등록번호가 있어야 한다.
- 수도요금, 가스요금 등도 수도광열비의 계정으로 처리한다.

문제5 5월15일 : 직원의 회계 교육비 100,000원을 통장에서 이체시키다.

【5월15일 분개】

(차) 교육훈련비	100,000	(대) 보통예금	100,000

tip
- 임직원의 교육과 관련된 비용은 교육훈련비의 계정으로 처리한다. 이 때 생산직에 종사하는 임직원의 교육훈련비는 제조경비로 처리하여야 한다.
- 외부강사를 초청하는 경우 사업소득의 3% 또는 기타소득(일시적인 강의)으로 원천징수한다.
- 정부의 인허가를 받은 교육기관에서 제공하는 교육용역은 부가세 면세이므로 계산서 또는 신용카드매출전표를 수취하자.

※ 위의 사례의 경우는 건당 3만원 이상의 지출비용에 해당하므로 계산서 또는 신용카드 매출전표를 꼭 챙기도록 하자.

문제6 5월20일 : 문구용품 50,000원을 현금으로 지급하다.

【5월20일 분개】

(차) 사무용품비	50,000	(대) 현금	50,000

문제7 5월21일 : 복사용지 50,000원을 현금으로 구입하다.

【5월21일 분개】

(차) 소모품비	50,000	(대) 현금	50,000

tip
- 소모품비는 소모성 공구, 기구, 비품 등 사무용 소모품 등의 소액 지출에 소요되는 비용을 처리하는 계정과목이다. 결산기말에 남아있는 소모품 미사용액은 원칙상 소모품의 자산 계정으로 대체시켜야 한다. 그러나, 중요성의 원칙에 따라 그 금액이 소액인 경우에는 자산 계정으로 계상하지 않고 전액 비용으로 처리하여도 무방하다.

※ 소모품 중 생산, 즉 제조에 쓰이는 소모품은 제조경비로 분류하여야 한다.

※ 세금계산서 등을 챙기는 것을 잊지 않도록 하자!

문제8 5월31일 : 인터넷 사용요금 77,000원(부가세 포함)을 현금 지급하다.

【5월31일 분개】

(차) 통신비	70,000	(대) 현금	77,000
부가세대급금	7,000		

문제9 5월31일 : 회계프로그램의 유지보수비 110,000원(부가세 포함)이 통장에서 이체되었다.

【5월31일 분개】

(차)			(대)	
(차) 지급수수료	100,000		(대) 보통예금	110,000
부가세대급금	10,000			

tip
- 컴퓨터프로그램을 구입하는 경우에는 소프트웨어의 무형자산계정으로 회계처리한다.
- 프로그램을 사용하는 대가로 매월 유지보수비를 지불하는 경우에는 지급수수료의 판매비와관리비의 계정으로 처리한다.

문제10 5월31일 : 사무실 임차료 220,000원(부가세 포함)을 통장에서 이체시키다.

【5월31일 분개】

(차)			(대)	
(차) 임차료	200,000		(대) 보통예금	220,000
부가세대급금	20,000			

문제11 5월31일 : 교육훈련에 대한 고용보험 100,000원이 환급되어 보통예금통장에 입금되다.

【5월31일 분개】

(차)			(대)	
(차) 보통예금	100,000		(대) 잡이익	100,000

현금출납장

기간 : 2008년 05월 01일 ~ 2008년 05월 31일

(주)나토얀 (단위 : 원)

일자	적요	입금	출금	잔액
4/30				1,100,000
	[월 계] [누 계]	2,200,000 2,200,000	1,100,000 1,100,000	
5/3	도서구입비		100,000	1,000,000
5/6	명함인쇄비		55,000	945,000
5/10	전기료 납부		55,000	890,000
5/20	문구대		50,000	840,000
5/21	복사용지대		50,000	790,000
5/31	인터넷 사용요금		77,000	713,000
	[월 계]	0	387,000	
	[누 계]	2,200,000	1,487,000	

보통예금출납장

기간 : 2008년 05월 01일 ~ 2008년 05월 31일
계좌번호 : 015-21-1042-1(국민잠실)

(주)나토얀 (단위 : 원)

일자	적요		입금	출금	잔액
4/30	외상대금 회수 입금		1,000,000		15,423,010
	[월 계] [누 계]		75,324,050 75,324,050	59,901,040 59,901,040	
5/8	외상대금 입금		1,000,000		16,423,010
5/15	직원 회계 교육비 이체			100,000	16,323,010
5/31	회계프로그램 유지·보수비 이체			110,000	16,213,010
5/31	사무실 임차료 이체			220,000	15,993,010
5/31	고용보험환급(직업능력개발사업)		100,000		16,093,010
	[월 계]		1,100,000	430,000	
	[누 계]		76,424,050	60,331,040	

tip • 보통예금출납장은 계좌별로 작성하여야 한다.

작성연습 3【현금거래】

다음의 거래를 분개하라.

문제1 6월17일 : 현금계정의 잔액은 540,000원으로 장부상 기록되어 있으나, 실제액은 490,000원이다. 아직은 원인이 밝혀지지 않았다.

【6월17일 분개】

(차) 현금과부족	50,000	(대) 현금	50,000

tip
- 현금과부족은 현금의 실제액이 장부상의 금액과 일치하지 않는 경우 그 원인이 밝혀질 때까지 그 부족액을 일시적으로 처리하는 계정과목이다.
- 실제액이 장부잔액보다 적은 경우에는 차변에 현금과부족을 계상하고, 실제액이 장부잔액을 초과하는 경우에는 대변에 계상한다.

문제2 6월20일 : 부족액 중 30,000원은 상품 판매시 운반비를 누락한 것으로 밝혀졌다.

【6월20일 분개】

(차) 운반비	30,000	(대) 현금과부족	30,000

문제3 6월30일 : 결산일까지 나머지금액은 원인이 밝혀지지 않아 잡손실로 처리하다.

【6월30일 분개】

(차) 잡손실	20,000	(대) 현금과부족	20,000

tip
- 현금과부족에 대한 금액의 원인이 밝혀지지 않은 경우 부족액은 영업외손실의 잡손실로 처리하고, 초과액은 영업외수익의 잡이익으로 처리한다.

제6장 매입 · 매출장과 세금계산서

1. 매입 · 매출장

● 매입거래의 회계처리

상품의 매입시에는 매입 또는 상품의 계정과목으로 처리한다. 매입시에는 거래명세표와 세금계산서를 잘 수취하여야 한다. 매입시에는 매입의 품목, 수량, 단가 등의 내용을 적어두는 매입장을 작성해 두는 것이 좋다.

그리고, 매입시에 발생하는 매입부대비용은 매입가액으로 처리하여야 한다.

tip **매입에누리**
매입하는 제품 또는 상품의 수량부족이나 품질불량 등의 원인으로 가격을 할인 받는 것
매입환출
품질차이, 파손, 계약의 취소 등의 이유로 매출처로 반송시키는 것
매입할인
일정한 현금할인기간 내에 매입대금을 지급한 경우 당초의 매입가격에서 일정률을 할인하여 주는 것.
→매입에누리, 매입환출, 매입할인은 매입액에서 차감한다.

(1) 원재료를 구입한 경우

제품의 제조를 위해 원재료 100,000원(부가세 별도)을 외상으로 구입하다.

【분개】

차변	금액	대변	금액
(차) 원재료	100,000	(대) 외상매입금	110,000
부가세대급금	10,000		

(2) 상품을 외상으로 구입한 경우

상품 5,000,000원(부가세 별도)을 외상으로 구입하면서 세금계산서를 수령하고, 운송료 · 보험료 등의 매입부대비용 50,000원을 추가로 현금 지출하다.

【분개】

차변	금액	대변	금액
(차) 매입(또는 상품)	5,050,000	(대) 외상매입금	5,500,000
부가세대급금	500,000	현금	50,000

매출거래의 회계처리

상품 · 제품의 매출시에는 매출의 계정과목으로 처리한다. 매출시에는 거래명세표와 세금계산서를 교부하여야 한다. 매출시에는 매출의 품목, 수량, 단가 등의 내용을 적어두는 매출장을 작성해 두는 것이 좋다. 매출은 기업의 주된 영업활동에서 발생한 수입금액을 말하며, 이는 기업의 정관이나 법인등기부등본에 사업목적으로 기재되어 있으며, 사업자등록증에 업태와 종목으로 표시되어 있다.

(1) 상품을 판매하는 경우

갑상품을 판매하면서 부가세를 포함하여 5,500,000원을 현금으로 받다.

【분개】

차변	금액	대변	금액
(차) 현금	5,500,000	(대) 상품매출	5,000,000
		부가세예수금	500,000

tip **매출항목의 업종별 구분**

- 상품매출 ⇨ 도매업, 소매업
- 제품매출 ⇨ 제조업
- 임대료 수입 ⇨ 부동산임대업
- 공사수입 ⇨ 건설업
- 수수료 수입 ⇨ 서비스업
- 기타 할부매출 ⇨ 할부판매

(2) 제품을 판매하는 경우

갑제품을 판매하면서 부가세를 포함하여 5,500,000원을 현금으로 받다.

【분개】

(차)			(대)	
현금	5,500,000		제품매출	5,000,000
			부가세예수금	500,000

(3) 판매한 상품이 반품되는 경우

10,000,000원의 갑상품을 외상판매한 것 중 1,000,000원이 불량으로 반품되다. 수정세금계산서를 발행해 주다.

【분개】

(차)			(대)	
매출환입	1,000,000		외상매출금	1,100,000
부가세예수금	100,000			

매입 · 매출장의 작성요령

상품 · 제품의 판매나 구매시에 거래명세표를 작성하여 교부하거나 수취하는 것을 앞에서 공부하였다. 이 때 매입과 매출에 대한 내역을 기록 · 관리하는 보조장부가 매입 · 매출장이다. 매입 · 매출장에는 매입 · 매출의 품목, 수량, 단가 등의 자세한 내용이 수록되어 있어서 그 기업의 매입 · 매출 내용을 한 눈에 볼 수 있다.

매입 · 매출장의 형태와 작성방법은 다음과 같다.

매입 · 매출장

기간 : 2008년 08월 01일 ~ 2008년 09월 30일

(주)나토얀 (단위 : 원)

월일	공급자 또는 구입자	거래내용			매입액		매출액		비고
		품명	수량	단가	금액	세액	금액	세액	
8/01	하나상사	갑상품	1	1,000,000	1,000,000	100,000			
8/10	두나상사	을상품	2	1,000,000	2,000,000	200,000			
8/15	세손상사	갑상품	1	1,500,000			1,500,000	150,000	
8/17	세손상사	을상품	1	1,500,000			1,500,000	150,000	
8/31	하나상사	갑상품	2	1,000,000	2,000,000	200,000			
월계					5,000,000	500,000	3,000,000	300,000	
누계					5,000,000	500,000	3,000,000	300,000	
9/04	재정상사	갑상품	2	1,400,000			2,800,000	280,000	
9/15	두나상사	을상품	5	1,000,000	5,000,000	500,000			
9/25	재정상사	을상품	4	1,300,000			5,200,000	520,000	
9/28	하나상사	갑상품	2	950,000	1,900,000	190,000			
9/30	세손상사	갑상품	1	1,200,000			1,200,000	120,000	
월계					6,900,000	690,000	9,200,000	920,000	
누계					11,900,000	1,190,000	12,200,000	1,220,000	

(1) 작성방법

① 연월일란 : 거래일자를 기입한다.

② 공급자 또는 구입자란 : 상대거래처의 상호를 기입한다.

③ 거래내용란 : 거래물품의 품명 · 수량 · 단가를 기입한다.

④ 매입액란 : 매입의 공급가액과 세액을 구분하여 기입한다.

⑤ 매출액란 : 매출의 공급가액과 세액을 구분하여 기입한다.

tip **위탁매출**

자기(위탁자)의 상품 등을 타인(수탁자)에게 위탁하여 판매하는 형태로 수탁자가 상품을 판매하는 시점에 매출로 본다.

예약매출

상품 등의 판매를 미리 예약하고, 장래의 일정시점에 매수자에게 인도하는 판매형태로서 대표적인 것으로 아파트분양공사 등이 있다.

2. 거래명세표

세법상으로는 거래시 세금계산서(또는 계산서)와 영수증 등이 오고가지만 일반적으로 상거래에 있어서 거래명세표가 많이 이용이 된다. 즉, 거래명세표는 거래의 내역을 기록하는 장부가 되는 것이다. 하지만, 거래명세표는 사인간의 증빙자료는 되지만, 세법에서 인정하는 증빙자료는 아니다. 따라서, 외부와의 거래시 내부 증빙으로 거래명세표를 작성하여 교부(또는 수취)하면서 반드시 세무상 인정하는 증빙자료인 세금계산서 · 계산서 등을 교부(또는 수취)하여야 한다.

제품 또는 상품의 판매시 두 장의 거래명세표를 작성하여 공급자용은 물품의 수령여부를 확인한 후 보관하고, 공급받는자용은 상대방에게 교부하면 된다.

거래명세표의 형태와 작성방법은 다음과 같다.

(주)나토얀이 한손상사에게 프린터 2대를 2008년 7월 29일에 1,750,000원(부가세 별도)에 외상판매하다.
거래명세표를 작성하여 교부하다.

【분개】

차변	금액	대변	금액
(차) 외상매출금	1,925,000	(대) 매출	1,750,000
		부가세예수금	175,000

NO. 200807291

거래명세표 (공급받는자용)

2008년 07월 29일

TEL: 02-332-6390

공급받는자	등록번호	601-24-80457			공급자	등록번호	108-46-40486		
	상 호	한손상사	성명	김현상		상 호	(주)나토얀	성명	김곽지
	주 소	서울 마포 서교 472-30				주 소	서울 양천 목동 923-5		

품목	수량	단가	금액
삼성프린터 IJK-05	5EA	300,000	1,500,000
LG프린터 GLK-08	1EA	250,000	250,000

공급가액	1,750,000	부 가 세	175,000	총합계	1,925,000

인수인		검수인		결재		특기사항	전일미수: 1,300,000 금일매출: 1,925,000 금일수금: 0 금일잔액: 3,225,000

※ 공급자용은 공급받는자용과 동일한 형식과 내용이다.

작성방법

① 일련번호란 : 거래명세표의 발행번호를 기입한다.

② 날짜란 : 거래명세표의 발행날짜를 기입한다.

③ 공급받는자란 : 상대 거래처의 등록번호 등을 기입한다.

④ 공급자란 : 자사의 등록번호 등을 기입한다.

⑤ 품목 · 수량 · 단가란 : 거래하는 물품의 품목별로 기입한다.

⑥ 금액란 : 수량과 단가를 곱한 총금액을 기입한다.

⑦ 인수인란 : 거래상대방의 정확한 기명날인 여부를 확인한다.

⑧ 특기사항란 : 전일미수액과 금일수금액을 기입하여 거래처와의 금일잔액을 명확히 하고, 금일수금액이 있으면 입금표 등의 제반증빙을 수취 또는 지급한다.

3. 세금계산서

세금계산서란

세금계산서는 부가가치세법상 과세대상자인 일반사업자가 제품·상품 또는 용역을 공급할 때 그 공급하는 때에 교부하여야 하는 증빙서류이다. 이는 대금의 수금여부와는 관계가 없으므로 대금을 받지 못하더라도 상품 등이 공급되면 반드시 교부하여야 한다. 세금계산서는 2장을 작성하여 공급자용은 보관하고, 공급받는자용은 거래상대방에게 교부한다. 즉, 공급자용은 매출세금계산서가 되고 공급받는자용은 매입세금계산서가 되므로 잘 보관하여 부가가치세 신고시에 이를 근거로 하여 부가가치세를 신고·납부하면 된다.

작성요령

세금계산서 작성시 다음은 부가가치세법상 필요적 기재사항이라 하여 반드시 사실과 동일하게 정확하게 작성되어야 한다.

① 공급하는 사업자의 등록번호와 성명 또는 명칭
② 공급받는 자의 등록번호
③ 공급가액과 부가가치세액
④ 작성연월일

세금계산서를 작성해 보면 다음과 같다.

(별지 제11호 서식)

세 금 계 산 서	(공급받는자 보관용)	책 번 호	권	호
		일련번호		

공급자	등록번호	108-46-40486			공급받는자	등록번호	601-24-80457		
	상 호 (법인명)	(주)나토얀	성명	김곽지		상 호 (법인명)	한손상사	성명	김현상
	사 업 장 주 소	서울 양천 목동 923-5				사 업 장 주 소	서울 마포 서교 472-30		
	업 태	도 · 소매	종목	컴퓨터외		업 태	도 · 소매	종목	사무기기외

작 성			공 급 가 액											세 액									비 고
년	월	일	공란수	십	억	천	백	십	만	천	백	십	일	억	천	백	십	만	천	백	십	일	
08	07	29	3				1	7	5	0	0	0	0				1	7	5	0	0	0	

월	일	품 목	수 량	단 가	공 급 가 액	세 액	비고
07	29	삼성프린터 IJK-05	5	300,000	1,500,000	150,000	
07	29	LG프린터 GLK-08	1	250,000	250,000	25,000	

합 계	현 금	수 표	어 음	외상미수금	이 금액을 (영수) 청구 함.
1,925,000					

※ 공급자용은 공급받는자용과 그 형식과 내용이 동일하다.

작성방법

① 공급자란 : 공급자의 등록번호 등을 기입한다.

② 공급받는자란 : 공급받는자의 등록번호 등을 기입한다.

③ 공급가액 · 세액란 : 공급가액의 합계와 세액의 합계를 각각 기입한다.

④ 품목 · 수량 · 단가 · 공급가액 · 세액란 : 품목별로 기입하며 칸이 부족한 경우에는 '~ 외'라고 표시하여 기입하면 된다.

⑤ 합계란 : 공급가액과 세액의 합계금액을 기입한다.

⑥ 현금 · 수표 · 어음 · 외상미수금란 : 판매대금에 대한 결제방법별로 그 금액을 기입하면 된다.

⑦ 영수 · 청구란 : 세금계산서를 교부하면서 대금을 영수하였으면 영수란에 표시하고, 외상거래이면 청구란에 표시하면 된다.

수정세금계산서의 작성 및 교부

세금계산서 교부 후 착오 또는 정정사유 발생시 경정하여 통지하기 전까지 수정하여 교부할 수 있다.

(1) 당초 공급한 재화가 환입된 경우

세금계산서를 교부한 후 당초 공급한 재화가 환입된 때에는 수정세금계산서를 교부하여야 한다.

수정세금계산서 작성방법은 다음과 같다.

① '작성연월일'란에 재화가 환입된 일자를 기재한다.

② '비고'란에 당초 세금계산서 작성일자를 부기한 후 빨간글씨 또는 부의 표시를 한다.

(2) 계약의 해제로 인하여 재화 또는 용역이 공급되지 아니한 경우

세금계산서를 교부한 후 계약이 해제되어 재화 또는 용역이 공급되지 않는 때에는 수정세금계산서를 교부하여야 한다.

수정세금계산서 작성방법은 다음과 같다.

① '작성연월일'란에 당초 세금계산서 작성일자를 기재한다.

② '비고'란에 계약해제일을 부기한 후 빨간글씨 또는 부의 표시를 한다.

(3) 공급가액을 수정하는 경우

세금계산서를 교부한 후 당초의 공급가액에 추가 또는 차감되는 금액이 발생한 경우에는 수정세금계산서를 교부하여야 한다.

수정세금계산서 작성방법은 다음과 같다.

① '작성연월일'란에 그 증감사유가 발생한 일자를 기재한다.

② 추가되는 공급가액과 세액은 검은 글씨로 차감되는 공급가액과

세액은 빨간 글씨로 기재한다.

③ '비고'란에 당초 세금계산서의 교부일자와 공급가액의 증감사유를 기재한다.

(4) 공급가액 외의 사항을 수정하는 경우

세금계산서를 교부한 후 그 기재사항에 관하여 착오 또는 정정사유가 발생한 경우에는 부가가치세의 과세표준과 납부세액(또는 환급세액)을 경정하여 통지하기 전까지 세금계산서를 수정하여 교부할 수 있다.

수정세금계산서 작성방법은 다음과 같다.

① 당초에 교부한 세금계산서는 빨간 글씨로 수정하는 세금계산서는 검은 글씨로 각각 작성하여 교부한다.

② 주서분과 흑서분의 '작성연월일'란에 당초 세금계산서의 교부일자를 기재한다.

③ '비고'란에 수정세금계산서를 실제로 작성하는 일자와 수정세금계산서 교부사유를 기재한다.

(5) 내국신용장 등의 사후개설시 수정하는 경우

사업자가 재화 또는 용역을 공급한 후 당해 과세기간 종료 후(6/30 또는 12/31) 20일 내에 내국신용장 또는 구매승인서가 개설되어 수정세금계산서를 교부하는 경우 그 '작성일자'는 당초 세금계산서의 작성일자를 기재하고 '비고'란에 내국신용장 등의 개설일자를 부기하여야 한다.

tip
- 자산의 취득시 부담하는 부대비용은 그 자산의 계정과목으로 처리한다.
- 매입한 상품 · 제품의 반품시에는 매입환출의 계정과목을 사용하고, 매입액에서 차감한다.
- 상품 · 제품의 반품시에는 수정세금계산서를 반드시 수취하여야 한다.
- 계약의 해제란 그 계약을 처음부터 없었던 것으로 하는 것으로, 해제된 계약 자체로부터 생겼던 법률효과는 모두 소급적으로 소멸한다.
- 계약의 해지란 계약의 효력을 장래에 향하여 소멸케 하는 행위를 말한다.

작성연습 1【매입 · 매출장】

다음의 거래를 분개하고, 매입 · 매출장을 작성하라.

문제1 8월3일 : 원래상사로부터 갑상품 100개를 @30,000원(부가세 별도)에 외상으로 구입하다.

【8월3일 분개】

(차)		(대)	
상품(또는 매입)	3,000,000	외상매입금	3,300,000
부가세대급금	300,000		

tip
- 세금계산서는 재화의 공급시기에 교부하고 수취하여야 하지만, 다음과 같은 월합계세금계산서로 재화의 공급일이 속하는 달의 다음달 10일까지 교부할 수 있다.[부가령 제54조]
  1. 거래처별로 1역월의 공급가액을 합계하여 당해 월의 말일자를 발행일자로 하여 세금계산서를 교부하는 경우
  2. 거래처별로 1역월 이내에서 사업자가 임의로 정한 기간의 공급가액을 합계하여 그 기간의 종료일자를 발행일자로 하여 세금계산서를 교부하는 경우
  3. 관계증빙서류 등에 의하여 실제 거래사실이 확인되는 경우로서 당해 거래일자를 발행일자로 하여 세금계산서를 교부하는 경우

문제2 8월3일 : 위의 상품매입시 운송료·보험료 등의 매입부대비용 50,000원을 현금으로 지급하다.

【8월3일 분개】

(차)		(대)	
상품(또는 매입)	50,000	현금	50,000

tip
- 자산의 취득시 부담하는 부대비용은 그 자산의 계정과목으로 처리한다.

문제3 8월4일 : 갑상품 20개를 반품시키다.

【8월4일 분개】

(차)		(대)	
외상매입금	660,000	매입환출	600,000
		부가세대급금	60,000

tip
- 매입한 상품 · 제품의 반품시에는 매입환출의 계정과목을 사용하고, 매입액에서 차감한다.
- 상품 · 제품의 반품시에는 수정세금계산서를 반드시 수취하여야 한다.

문제4 8월5일 : 두래상사에 갑상품 50개를 @50,000원(부가세 별도)에 외상판매하다.

【8월5일 분개】

(차)		(대)	
외상매출금	2,750,000	상품매출	2,500,000
		부가세예수금	250,000

문제5 8월10일 : 삼진상회에 갑상품 1개를 견본품으로 무상으로 제공하다.(시가 : 50,000원)

【8월10일 분개】

(차)		(대)	
견본비	50,000	상품	50,000

tip • 견본품을 무상으로 제공하는 경우에는 견본비라는 판매비와관리비의 계정으로 처리한다.
⇒이 때 시가의 가액으로 계상하여야 한다.

문제6 8월15일 : 한아상회로부터 을상품 50개를 @100,000원(부가세 별도)에 외상으로 매입하다.

【8월15일 분개】

(차)		(대)	
상품(또는 매입)	5,000,000	외상매입금	5,500,000
부가세대급금	500,000		

문제7 8월20일 : 태진상사에 갑상품 10개를 @70,000원(부가세 별도)에 외상으로 판매하다.

【8월20일 분개】

(차)		(대)	
외상매출금	770,000	매출	700,000
		부가세예수금	70,000

문제8 8월25일 : 진성상회에 을상품 20개를 @150,000원(부가세 별도)에 외상으로 판매하다.

【8월25일 분개】

(차)		(대)	
외상매출금	3,300,000	매출	3,000,000
		부가세예수금	300,000

매입매출장

기간 : 2008년 08월 01일 ~ 2008년 08월 31일

(주)나토얀 (단위 : 원)

월 일	공급자 또 는 구입자	거 래 내 용			매 입 액		매 출 액		비고
		품명	수량	단 가	금 액	세 액	금 액	세 액	
8/3	원래상사	갑상품	100	30,500	3,050,000	300,000			
8/4	원래상사	갑상품	-20	30,000	-600,000	-60,000			
8/5	두래상사	갑상품	50	50,000			2,500,000	250,000	
8/15	한아상사	을상품	50	100,000	5,000,000	500,000			
8/20	태진상사	갑상품	10	70,000			700,000	70,000	
8/25	진성상회	을상품	20	150,000			3,000,000	300,000	
월 계					7,450,000	740,000	6,200,000	620,000	
누 계					7,450,000	740,000	6,200,000	620,000	

작성연습 2【거래명세표, 세금계산서, 입금표】

다음의 예제를 통하여 거래에 대한 분개 및 전표작성, 거래명세표, 세금계산서, 입금표를 작성해 보자.

【거래 내역】

거래일자	2008년 8월 23일
판 매 자	(주)나토얀
구 매 자	한손상사
판매물품	A상품 1대 (공급가액 1,000,000원) B상품 1대 (공급가액 2,000,000원)
결제내용	총결제대금 3,300,000(부가세 포함) 중 1,100,000원은 현금으로 받고 나머지는 외상으로 하다. 전일까지의 미수금액은 없다.

【8월23일 분개】

(차)		(대)	
현금	1,100,000	매출	3,000,000
외상매출금	2,200,000	부가세예수금	300,000

NO. 020845

거래명세표

(공급받는자용)

2008년 08월 23일

TEL: 02-332-6390

공급받는자					공급자				
등록번호	601-24-80457				등록번호	108-46-40486			
상 호	한손상사	성명	김현상		상 호	(주)나토얀	성명	김곽지	
주 소	서울 마포 서교 472-30				주 소	서울 양천 목동 923-5			

품목	수량	단가	금액
A상품	1EA	1,000,000	1,000,000
B상품	1EA	2,000,000	2,000,000

공급가액	3,000,000	부 가 세	300,000	총합계	3,300,000

인수인		검수인		결재		특기사항	전일미수: 0 금일매출: 3,300,000 금일수금: 1,100,000 금일잔액: 2,220,000

(별지 제11호 서식)

세 금 계 산 서

(공급받는자 보관용)

책 번 호	권	호
일련번호		

공급자					공급받는자				
등록번호	108-46-40486				등록번호	601-24-80457			
상 호(법 인 명)	(주)나토얀	성명	김곽지		상 호(법 인 명)	한손상사	성명	김현상	
사업장 주소	서울 양천 목동 923-5				사업장 주소	서울 마포 서교 472-30			
업 태	도·소매	종목	컴퓨터외		업 태	도·소매	종목	사무기기외	

작성			공급가액											세액									비고
년	월	일	공란수	십	억	천	백	십	만	천	백	십	일	억	천	백	십	만	천	백	십	일	
08	08	23	3				3	0	0	0	0	0	0				3	0	0	0	0	0	

월	일	품목	수량	단가	공급가액	세액	비고
08	23	A상품	1	1,000,000	1,000,000	100,000	
08	23	B상품	1	2,000,000	2,000,000	200,000	

합 계	현 금	수 표	어 음	외상미수금	이 금액을 영수/청구 함.
3,300,000	1,100,000			2,200,000	(청구)

입 금 표

(공급받는자 보관용)　　　한손상사 귀하

공급자				
공급자	등록번호	108-46-40486		
	상　호	(주)나토얀	성명	김곽지
	사업장 소재지	서울 양천 목동 923-5		
	업　태	도·소매	종목	컴퓨터외

작성			금액											세액								
년	월	일		십	억	천	백	십	만	천	백	십	일	억	천	백	십	만	천	백	십	일
08	08	23					1	0	0	0	0	0	0				1	0	0	0	0	0

합계	백	십	억	천	백	십	만	천	백	십	일
					1	1	0	0	0	0	0

내 용 :

위의 금액을 정히 영수함.

제7장 재고수불부

1. 재고자산이란

재고자산은 기업이 판매 또는 생산을 목적으로 기업의 주된 영업활동 및 그 부대수익을 발생시키기 위해 일시적으로 보유하고 있는 자산이다. 즉, 상품 · 제품 등을 말한다.

tip
- 유형자산은 기업의 주된 영업활동에 사용하기 위해 보유하는 자산이다.
- 현대자동차의 경우 차량은 재고자산이지만, LG전자에서 구입하는 차량은 영업용 등에 사용하기 위한 것이므로 유형자산(차량운반구) 이다.

2. 재고자산의 평가

기말재고자산가액은 다음과 같이 계산한다.

기말재고자산가액 = 기말재고자산의 수량 × 단가

따라서, 수량파악방법과 단가산정방법을 무엇으로 하느냐에 따라 재고자산의 가액이 달라진다.

수량파악방법

수량을 파악하는 방법은 계속기록법과 실지재고조사법이 있다.

계속기록법은 재고자산의 입·출고 내용을 계속 기록하여 수량을 파악하는 방법이다. 실지재고조사법은 기말에 일괄적으로 창고에 남아있는 재고수량을 파악하는 방법이다. 그러나, 실무상으로는 장부에 계속기록법을 적용하면서 기말에 실지재고조사도 한다.

단가산정방법

단가산정은 원가법으로 하는데, 원가법이란 자산의 취득가액을 평가액으로 하는 방법으로서 개별법, 총평균법, 이동평균법, 선입선출법, 후입선출법 등이 있다.

(1) 개별법

재고자산을 개별적으로 식별하여 재고자산가액을 평가하는 방법

(2) 총평균법

일정기간의 총매입액을 총수량으로 나누어서 평균단가를 계산하여 재고자산가액을 평가하는 방법

(3) 이동평균법

단가가 다른 재고자산을 매입할 때마다 보유중인 재고자산에 가산하여 평균단가를 계산하는 방법

(4) 선입선출법

먼저 입고된 것이 먼저 출고된다는 가정하에 재고자산가액을 평가하는 방법

(5) 후입선출법

나중에 입고된 것이 먼저 출고된다는 가정하에 재고자산가액을 평가하는 방법

3. 재고수불부의 작성

재고수불부는 상품 등이 입고되거나 출고될 때 기록하는 재고자산의 보조장부로서 입·출고 사항이 있을 때마다 기록해야 하며 품목별 규격별로 구분하여 기록해야 한다. 재고수불부 작성시 수량파악방법과 단가산정방법 중 어느 방법으로 작성할 것인지를 결정해야 한다.

재고수불부의 형태와 작성방법은 다음과 같다(계속기록법, 선입선출법).

재고수불부

품목 : A 상품

(주)나토얀 (단위 : 원)

월일	입고			출고			재고		
	수량	단 가	금 액	수량	단 가	금 액	수량	단 가	금 액
전기이월	60	11,500	690,000				60	11,500	690,000
8/1				40	11,500	460,000	20	11,500	230,000
8/5	30	8,000	240,000				20	11,500	230,000
							30	8,000	240,000
8/15				5	11,500	57,500	15	11,500	172,500
							30	8,000	240,000
8/25				15	11,500	172,500	30	8,000	240,000
8/31				11	8,000	88,000	19	8,000	152,000
9/5	50	15,000	750,000				19	8,000	152,000
							50	15,000	750,000
9/11				19	8,000	152,000	40	15,000	600,000
				10	15,000	150,000			

● 작성요령

① 품목란 : 재고자산의 품목을 기입한다.

② 월일란 : 거래일자를 기입한다.

③ 입고란 : 입고된 재고자산의 수량·단가·금액을 기입한다.

④ 출고란 : 출고된 재고자산의 수량·단가·금액을 기입한다. 여기서 단가는 판매가액이 아닌 원가를 기입한다.

작성연습 1【재고수불부와 매입 · 매출장】

다음의 거래를 분개하고, 갑상품에 대한 재고수불부(선입선출법)와 매입 · 매출장을 작성하라.

문제1 9월1일 : 전월이월 150개 @1,100
9월7일 : 대신상회에서 갑상품 200개를 @1,150원에 외상매입하다(부가세 별도).

【9월7일 분개】

차변		대변	
(차) 상품(또는 매입)	230,000	(대) 외상매입금	253,000
부가세대급금	23,000		

문제2 9월14일 : 대신상회에서 갑상품 300개를 @1,200원에 외상매입하다(부가세 별도).

【9월10일 분개】

차변		대변	
(차) 외상매출금	231,000	(대) 매출	210,000
		부가세예수금	21,000

문제3 9월14일 : 대신상회에서 갑상품 300개를 @1,200원에 외상매입하다(부가세 별도).

【9월14일 분개】

차변		대변	
(차) 상품	360,000	(대) 외상매입금	396,000
부가세대급금	36,000		

문제4 9월19일 : 진영상회에 갑상품 100개를 @1,400원에 외상판매하다(부가세 별도).

【9월19일 분개】

차변		대변	
(차) 외상매출금	154,000	(대) 매출	140,000
		부가세예수금	14,000

문제5 9월23일 : 한아상회에 갑상품 250개를 @1,400원에 외상판매하다 (부가세 별도).

【9월23일 분개】

(차) 외상매출금	385,000	(대) 매출 부가세예수금	350,000 35,000

매입매출장

기간 : 2008년 09월 01일 ~ 2008년 09월 30일

(주)나토얀 (단위 : 원)

월 일	공급자 또 는 구입자	거 래 내 용			매 입 액		매 출 액		비 고
		품명	수량	단 가	금 액	세 액	금 액	세 액	
9/7	대신상회	갑상품	200	1,150	230,000	23,000			
9/10	진성(주)	갑상품	150	1,140			210,000	21,000	
9/14	대신상회	갑상품	300	1,200	360,000	36,000			
9/19	진영상회	갑상품	100	1,400			140,000	14,000	
9/23	한아상회	갑상품	250	1,400			350,000	35,000	
월 계					590,000	59,000	700,000	70,000	
누 계					590,000	59,000	700,000	70,000	

재고수불부

품목 : 갑상품

월일	입 고			출 고			재 고		
	수량	단 가	금 액	수량	단 가	금 액	수량	단 가	금 액
전기이월							150	1,100	165,000
9/7	200	1,150	230,000				150	1,100	165,000
							200	1,150	230,000
9/10				150	1,100	165,000	200	1,150	230,000
9/14	300	1,200	360,000				200	1,150	230,000
							300	1,200	360,000
9/19				100	1,150	115,000	100	1,150	115,000
							300	1,200	360,000
9/23				100	1,150	115,000			
				150	1,200	180,000	150	1,200	180,000

제8장 거래처원장

1. 채권 · 채무의 회계처리

외상매출금과 외상매입금

외상매출금과 외상매입금은 주된 영업활동에서 발생한 채권 · 채무로서 매출 · 매입시 그 대금을 나중에 지급 또는 받기로 하는 계정과목이다.

판매시 : 외상으로 판매하는 금액 ➡ 외상매출금
매입시 : 외상으로 매입하는 금액 ➡ 외상매입금

(1) 외상매입금과 상계처리한 경우

대신상사의 외상매입금 2,000,000원을 대신상사의 외상매출금과 상계하다.

【분개】

(차) 외상매입금	2,000,000	(대) 외상매출금	2,000,000

(2) 상품 · 제품 등을 외상판매한 경우(부가가치세 면세인 경우)

A상품을 1,000,000원(부가세 면세재화임)에 외상 판매하다.

【분개】

차변	금액	대변	금액
(차) 외상매출금	1,000,000	(대) 매출	1,000,000

(3) 외주가공비의 용역대금을 미지급하는 경우

외주가공비 10,000,000원(부가세 별도)을 1달 후에 지급하기로 하고, 세금계산서를 교부받다.

【분개】

차변	금액	대변	금액
(차) 외주가공비	10,000,000	(대) 외상매입금	11,000,000
부가세대급금	1,000,000		

(4) 외상매입한 상품을 반품하는 경우

외상매입한 상품 1,000,000원을 상품하자로 인하여 반품하다.

【분개】

차변	금액	대변	금액
(차) 외상매입금	1,000,000	(대) 매입환출	1,000,000

(5) 외상판매한 상품이 반품되는 경우

외상매출한 상품 중 1,000,000원이 불량으로 판명되어 반품되다.

【분개】

차변	금액	대변	금액
(차) 매출환입	1,000,000	(대) 외상매출금	1,000,000

대여금과 차입금

상대방에게 차용증서 등을 받고 금전을 빌려준 경우로서 1년 이내에 회수가 가능한 경우는 단기대여금으로 1년 이후에 회수가 가능한 경우는 장기대여금의 계정과목을 사용한다.

금전을 빌린 경우는 차입금으로 계정처리한다.

(1) 단기대여금을 회수한 경우

단기대여금 10,000,000원을 회수하여 보통예금에 입금하다.

【분개】

(차) 보통예금	10,000,000	(대) 단기대여금	10,000,000

(2) 주택자금을 직원들에게 대출해 주는 경우

A직원에게 주택자금대출금액 10,000,000원을 대여하다. 보통예금 통장에서 이체시키다.

【분개】

(차) 장기대여금	10,000,000	(대) 보통예금	10,000,000

tip 주택자금대출은 통상 회수기간이 1년 이상이므로 장기대여금의 계정으로 회계처리한다.

(3) 단기대여금과 채무를 상계하기로 약정한 경우

을회사의 외상매입금 5,000,000원과 단기대여금 5,000,000원을 서로 상계하기로 약정하다.

【분개】

(차) 외상매입금	5,000,000	(대) 단기대여금	5,000,000

(4) 정기예금을 담보로 차입하는 경우

정기예금 담보로 10,000,000원을 차입하여 당좌예금에 입금하다.

【분개】

(차) 당좌예금	10,000,000	(대) 단기차입금	10,000,000

미수금과 미지급금

미수금은 기업의 주된 영업활동 이외에서 발생하는 채권을 말하고 미지급금은 일반적 상거래 이외에서 발생한 채무(미지급비용 제외)를 말한다.

(1) 유형자산을 처분하면서 2개월 후에 받기로 한 경우

장부가액 3,000,000원(취득가액 5,000,000원, 감가상각누계액 2,000,000원)의 기계장치를 2,800,000원에 매각하고 대금은 2개월 후에 받기로 하다.(부가세 별도)

【분개】

(차)			(대)	
미수금	3,080,000		기계장치	5,000,000
감가상각누계액	2,000,000		부가세예수금	280,000
유형자산처분손실	200,000			

tip 미수금과 미수수익의 차이

미수수익은 발생주의원칙에 따라 인식한 순수한 회계상의 자산이다. 즉, 계속적인 용역제공이 사실이 존재하고 결산일 현재 그 용역의 제공이 계속중인 것이 가장 중요한 조건이 된다. 정기예・적금의 미수이자 등이 대표적이다. 그러나, 미수금은 용역제공이 완료되었고, 법률상 적절한 채권이다.

예를 들면, 건물임대의 경우 약정상 임대료 회수일이 지났는데도 임대료를 못 받는 경우는 미수금으로 처리하고, 결산일에 기간계산에 따라 미수임대료를 계상하는 것은 미수수익으로 회계처리한다.

(2) 비품을 외상으로 구입한 경우

당사는 컴퓨터 등 비품 5,000,000원을 외상으로 구입하다.

【분개】

(차)			(대)	
비품	5,000,000		미지급금	5,000,000

(3) 미지급금을 지급하는 경우

위의 미지급금 5,000,000원을 보통예금통장에서 이체시키다.

【분개】

(차)			(대)	
미지급금	5,000,000		보통예금	5,000,000

선급금과 선수금

선급금은 상품 · 원재료 등의 매입을 위하여 미리 지급한 금액을 말한다. 선수금은 수주공사 · 수주품 및 기타 일반적 상거래에서 발생한 선수액을 말한다.

(1) 선급금을 지급하였으나 당사의 사정으로 취소되는 경우

한국재정(주)는 10,000,000원의 상품을 주문하면서 1,000,000원을 선급하였으나 당사의 사정으로 취소하면서 선급금 중 위약금 5% (500,000원)를 공제하고 나머지 500,000원이 입금되다.

【분개】

차변		대변	
(차) 보통예금	500,000	(대) 선급금	1,000,000
잡손실	500,000		

tip **선급금 지급시의 세금계산서 수령 여부**

부가가치세법상 재화 · 용역의 공급시기에 세금계산서를 교부하여야 한다. 그러나, 교부시기의 특례제도에 의하여 재화 · 용역의 공급시기가 도래하기 전에 세금계산서를 교부한 경우 그 때를 공급시기로 본다. 따라서, 선급금 지급시 세금계산서를 교부받아도 무방하다. 그러나, 선급금 지급시 세금계산서를 수령하지 않았다면 입금표, 송금표 등의 증빙자료를 꼭 챙기도록 하자!

선급금과 선급비용의 구분

선급비용은 일정한 계약에 따라 계속적으로 용역을 제공받는 경우에 이미 용역대가를 지급하였으나 기간의 미경과로 당해 연도의 비용으로 처리하지 못하고 차기 이후의 비용으로 계상해야 할 부분을 처리하는 계정이다. 따라서, 선급비용은 일반적 상거래 여부를 불문하고 시간의 경과에 따라 발생하는 용역대가 중 기간미경과분을 처리하는 계정이다. 선급금은 일반적 상거래에 따른 선급액의 의미와 기간의 경과와 관계없이 계약상 대금의 전부 또는 일부를 선지급하기로 약정하여 실제로 지급한 금액 전체를 계상하는 계정이다.

(2) 주문시 선수금을 받은 경우

당사는 갑상품의 주문을 받으면서 1,000,000원의 선수금을 현금으로 받다.

【분개】

차변		대변	
(차) 현금	1,000,000	(대) 선수금	1,000,000

(3) 선수금에 대한 상품을 판매한 경우

위의 선수금에 대한 A상품 5,000,000원(부가세 별도)을 외상판매하다.

【분개】

(차)		(대)	
선수금	1,000,000	매출	5,000,000
외상매출금	4,500,000	부가세예수금	500,000

가지급금과 가수금의 회계처리

가지급금은 지급이 있었으나 아직까지 이것을 처리하는 과목 또는 금액이 미정일 경우에 그것이 확정될 때까지 일시적으로 이 지급을 처리하는 계정과목이다. 가수금은 어떤 수입이 있었는데도 불구하고 이것을 처리하는 과목 또는 금액이 미정일 경우 이것이 확정될 때까지 일시적으로 처리하는 계정이다.

(1) 출장비 개산액을 가지급한 경우

인재개발실 직원의 출장비 명목으로 여비규정에 의한 개산액 500,000원을 가지급하다.

【분개】

(차)		(대)	
가지급금	500,000	현금	500,000

(2) 가지급금을 정산한 경우

상기 가지급금의 출장비정산서를 받다(교통비 100,000원, 숙박비 200,000원, 식대 100,000원), 잔액 100,000원은 현금으로 받다.

【분개】

(차)		(대)	
여비교통비	100,000	가지급금	500,000
출장비	300,000		
현금	100,000		

(3) 급여를 가불해 준 경우

사고를 당한 직원의 1개월분의 급여를 가불해 준다.

【분개】

(차) 가지급금	1,000,000	(대) 보통예금	1,000,000

♣ 급여지급일의 분개

(차) 급여	1,200,000	(대) 가지급금 예수금	1,000,000 200,000

2. 거래처원장의 작성

외상매출금이나 외상매입금 등은 보조부를 작성하지 않고 외상매출금, 외상매입금 원장에서 관리하면 거래처별로 받을 금액이나 지급할 금액의 변동내역을 알 수가 없다. 따라서 외상매출금(또는 외상매입금)의 보조부로 거래처별로 외상매출금(또는 외상매입금)의 수수내역을 나타내고 별도의 장부를 관리하는데 이를 외상매출금원장 또는 외상매입금원장의 보조부라 한다.

tip 회계프로그램을 이용하여 분개 입력시 반드시 각 거래처별로 코드를 별도로 구분하여 거래내역을 입력하여야 한다.

거래처원장

외상매출금

(주)나토얀 (단위 : 원)

거래처명 : 삼화컴퓨터 기 간 : 2008.8.1~8.31

월/일	적 요	차 변	대 변	잔 액
	(전월이월)	7,200,000		7,200,000
8/7	소프트웨어	2,750,000		9,950,000
8/9	한글프로그램	840,000		10,790,000
8/17	외상대금 현금회수		3,700,000	7,090,000
8/21	진한글, 고은글	1,060,000		8,150,000
8/24	Digitizer	900,000		9,050,000
8/29	외상대금 어음회수		5,000,000	4,050,000
8/30	소프트웨어	1,370,000		5,420,000
8/31	외상대금회수		1,400,000	4,020,000
월 계		14,120,000	10,100,000	4,020,000
누 계		21,320,000	10,100,000	

작성요령

① 거래처명란 : 거래처의 상호를 기입한다.

② 일자란 : 전표의 거래일자를 기입한다.

③ 적요한 : 간략한 내용을 기입한다.

④ 차변란 : 외상매출금 계정의 차변금액을 기입한다.

⑤ 대변란 : 외상매출금 계정의 대변금액을 기입한다.

⑥ 잔액란 : 잔액을 기입한다.

작성연습 1 【외상매출금과 외상매입금】

다음의 거래를 분개하라.

문제1 상품 2,000,000원(부가세 별도)을 판매하기로 하면서 계약금 200,000원을 받다.

【분개】

(차) 현금	200,000	(대) 선수금	200,000

문제2 위의 상품을 판매하고, 대금 중 500,000원은 현금으로 받고, 나머지는 외상으로 하다.

【분개】

(차) 현금	500,000	(대) 매출	2,000,000
선수금	200,000	부가세예수금	200,000
외상매출금	1,500,000		

문제3 원진상회에 2,000,000원을 단기대여하다.

【분개】

(차) 단기대여금	2,000,000	(대) 현금	2,000,000

문제4 대여금의 이자 20,000원의 수령일이 도래하였으나 이자를 받지 못하였다.

【분개】

(차) 미수금	20,000	(대) 이자수익	20,000

문제5 외상매입금 5,000,000원과 단기대여금 5,000,000원을 서로 상계하기로 약정하다.

【분개】

(차) 외상매입금	5,000,000	(대) 단기대여금	5,000,000

문제6 원인불명인 100,000원이 보통예금통장으로 입금되다.

【분개】

(차)		(대)	
보통예금	100,000	가수금	100,000

문제7 상기의 가수금 내역이 판명되지 않았다.

【분개】

(차)		(대)	
가수금	100,000	잡이익	100,000

tip 보통예금에 입금된 금액이 정확히 판명되지 않을 경우에는 영업외수익의 잡이익 계정으로 처리한다.

문제8 조흥은행에 6개월짜리 10,000,000원 어음을 발행해 주고 차입하면서 선이자 300,000원을 차감하고 보통예금에 입금해 주다.

【분개】

(차)		(대)	
보통예금	9,700,000	단기차입금	10,000,000
이자비용	300,000		

tip **융통어음**

자금의 차입을 위하여 발행하는 어음으로서 실제로 자금의 대차가 행해지는 경우로 차용증서 대신 어음으로 교부하는 것과 제3자로부터 자금을 조달할 목적으로 발행하는 것이 있다.

문제9 6개월 후 위의 차입금을 보통예금에서 인출하여 상환하고 어음을 찾아오다.

【분개】

(차)		(대)	
단기차입금	10,000,000	보통예금	10,000,000

문제10 당사는 현지상사의 미지급금 1,000,000원을 외상매출금 700,000원과 상계하기로 나머지 300,000원을 현금 지급하다.

【분개】

(차)		(대)	
미지급금	1,000,000	현금	300,000
		외상매출금	700,000

문제11 대손처리한 외상매출금 중 500,000원이 보통예금으로 회수되다.

【분개】

(차)		(대)	
보통예금	500,000	대손충당금	500,000

문제12 10,000,000원의 상품을 주문하면서 1,000,000원을 당좌수표로 지급하고 잔액은 외상으로 하다.

【분개】

(차)		(대)	
선급금	1,000,000	당좌예금	1,000,000

문제13 상기 주문상품을 납품 받고 매입대금 잔액 9,000,000원 중 3,000,000원을 어음으로 지급하다.

【분개】

(차)		(대)	
매입	10,000,000	선급금	1,000,000
		지급어음	3,000,000
		외상매입금	6,000,000

작성연습 2 【거래처원장】

다음의 거래를 분개하고, 거래처별원장을 작성하라(부가세는 무시).

문제1 8월7일 : 삼화컴퓨터에 소프트웨어 2,750,000원을 외상판매하다.

【8월7일 분개】

(차) 외상매출금	2,750,000	(대) 매출	2,750,000

문제2 8월9일 : 삼화컴퓨터에 한글프로그램을 840,000원을 외상판매하다.

【8월9일 분개】

(차) 외상매출금	840,000	(대) 매출	840,000

문제3 8월17일 : 삼화컴퓨터로부터 3,700,000원의 외상대금을 현금으로 회수하다.

【8월17일 분개】

(차) 현금	3,700,000	(대) 외상매출금	3,700,000

문제4 8월21일 : 삼화컴퓨터에 소프트웨어를 1,060,000원을 외상판매하다.

【8월21일 분개】

(차) 외상매출금	1,060,000	(대) 매출	1,060,000

문제5 8월24일 : 삼화컴퓨터에 소프트웨어를 900,000원을 외상판매하다.

【8월24일 분개】

(차) 외상매출금	900,000	(대) 매출	900,000

문제6 8월29일 : 삼화컴퓨터로부터 5,000,000원의 외상대금을 어음으로 받다.

【8월29일 분개】

차변		대변	
(차) 받을어음	5,000,000	(대) 외상매출금	5,000,000

문제7 8월30일 : 삼화컴퓨터에 소프트웨어를 1,370,000원을 외상판매하다.

【8월30일 분개】

차변		대변	
(차) 외상매출금	1,370,000	(대) 매출	1,370,000

문제8 8월31일 : 삼화컴퓨터로부터 1,400,000원의 외상대금이 통장으로 입금되다.

【8월31일 분개】

차변		대변	
(차) 보통예금	1,400,000	(대) 외상매출금	1,400,000

거래처원장

외상매출금

(주)나토얀　　　　(단위 : 원)

거래처명 : 삼화컴퓨터　　　　기 간 : 2008.8.1~8.31

월/일	적 요	차 변	대 변	잔 액
	(전월이월)	7,200,000		7,200,000
8/7	소프트웨어	2,750,000		9,950,000
8/9	한글프로그램	840,000		10,790,000
8/17	외상대금 현금회수		3,700,000	7,090,000
8/21	소프트웨어	1,060,000		8,150,000
8/24	소프트웨어	900,000		9,050,000
8/29	외상대금 어음회수		5,000,000	4,050,000
8/30	소프트웨어	1,370,000		5,420,000
8/31	외상대금 회수		1,400,000	4,020,000
월 계		6,920,000	10,100,000	
누 계		14,120,000	10,100,000	

작성연습 3【가지급금과 가수금】

다음의 거래를 분개하라.

문제1 9월3일 : A직원의 출장여비개산액 200,000원을 현금 지급하다.

【9월3일 분개】

차변	금액	대변	금액
(차) 가지급금	200,000	(대) 현금	200,000

문제2 9월10일 : A직원의 출장여비를 정산한 결과 50,000원이 부족하여 현금으로 지급하다.

【9월10일 분개】

차변	금액	대변	금액
(차) 여비교통비	250,000	(대) 가지급금	200,000
		현금	50,000

제9장 급여명세서 및 급여대장

1. 급여명세서의 작성

급여명세서는 급여일에 임·직원에게 교부하는 명세서로서 개개인의 간략한 인적사항과 급여지급액의 내역과 공제내역 등이 기재되어 있다. 따라서, 급여명세서는 인별로 각각 작성해서 1부는 근로자에게 교부하고, 1부는 내부관리용으로 보관한다.

(주)나토얀은 직원이 1명이며 급여일은 8월 25일이다. 다음의 사례를 가지고 8월 25일의 분개와 급여명세서를 작성해 보자(제수당 내역은 모두 과세대상임).

(단위 : 원)

기본급 : 1,933,000		공제내역	
제수당내역		갑 근 세 :	59,430
직책수당 :	200,000	주 민 세 :	5,940
자격수당 :	50,000	국민연금 :	116,235
교 통 비 :	100,000	건강보험 :	65,600
근속수당 :	200,000	고용보험 :	11,620
연장수당 :	100,000		

tip 비과세근로소득

근로자가 사내급식 또는 이와 유사한 방법으로 제공받는 식사 기타 음식물과 식사 기타 음식물을 제공받지 않는 근로자가 받는 월 10만원 이하의 식사대는 비과세 근로소득이다.

【분개】

(차) 급여	2,583,000	(대) 보통예금 예수금	2,324,175 258,825

⇩

급 여 명 세 서 (2008년 08월)

성명	신경종	계좌번호	818-04-815486 (신한)
사번	2000081016	직책	과장
주민등록번호	660513-2222729	배우자	1명
입사일자	2000-08-10	부양가족	0명

구분	항목	금액	구분	항목	금액
기본급		1,933,000	공제내역	갑근세	59,430
제수당	직책수당	200,000		주민세	5,940
	자격수당	50,000		국민연금	116,235
	출납수당	0		건강보험료	65,600
	교통비	100,000		고용보험	11,620
	근속수당	200,000		가지급금	0
	해외수당	0		퇴직전환금	0
	연장수당	100,000		기타	0
	기타		공제합계액		258,825
수당계		650,000			
상여금등			차감지급액		2,324,175
급여총지급액		2,583,000			

● 급여명세서 작성요령

① 해당근로자의 인적사항(성명, 사번, 주민등록번호 등)을 기입한다.

② 기본급란 : 해당 근로자의 기본급을 기입한다.

③ 제수당란 : 해당 근로자에게 해당하는 제수당의 내역을 기입한다.

④ 상여금등란 : 상여금액을 기입한다.

⑤ 급여총지급액란 : 비과세급여를 포함한 급여총지급액을 기입한다.
⑥ 공제내역란 : 갑근세 등과 4대보험의 원천징수한 금액을 기입한다.
⑦ 차감지급액란 : 실제로 근로자에게 지급하는 금액이다.

2. 급여대장의 작성

급여대장은 월별로 모든 임 · 직원의 급여내역을 나타내는 서식으로 간략한 인적사항과 급여지급액의 내역과 공제내역 등이 기재되어 있다. 이는 월별로 작성해서 내부관리용으로 보관한다.

급여대장은 다음과 같다.

2008년 03월 급여대장
(지급일 : 2008년 03월 31일)

인적사항		기본급여 및 제수당						공제 내역							차인지급액
사원번호	성명	기본급	식대	자가운전보조금	야간수당	상여금	지급총계	국민연금	건강보험	고용보험	소득세	농특세	주민세	공제합계	
입사일	퇴사일														
101	김경우														
05.1.1	-														

급여대장 작성요령

① 해당 근로자의 인적사항(성명, 사원번호 등)을 기입한다.
② 기본급여 및 제수당란 : 해당 근로자의 기본급여 및 제수당을 기입한다.
③ 공제내역란 : 해당 근로자의 급여에서 공제하는 내역을 기입한다.
④ 차인지급액란 : 지급총계에서 공제합계를 차감한 액을 기입한다.

3. 갑근세 · 주민세 원천징수요령

급여만 지급하는 경우

급여를 지급하는 자(원천징수의무자)는 매월 급여지급시 지급액에서 갑종근로소득세(갑근세)와 주민세를 원천징수하여 다음달 10일까지 납부하여야 한다. 이 때 간이세액표(간이세액조견표)의 내용을 적용하여 원천징수하면 된다.

간이세액조견표의 적용방법은 다음과 같다.

① 당해 근로자의 월급여총액에서 비과세급여를 제외한 급여액을 적용한다.

② 공제대상 인원을 파악한다.

- 본인은 무조건공제대상이므로 1인으로 한다.
- 배우자가 있으면 1인으로 한다(주민등록상의 배우자임).
- 기타부양가족의 경우 직계존속(남자 60세 이상, 여자55세 이상만 해당), 직계비속(20세 이하)의 공제대상인원을 각각 1인으로 한다.
- 공제대상가족 중 20세 이하 자녀가 없거나 1인 경우에는 "일반"란의 세액을 적용하고, 2인인 경우에는 "다자녀"란의 세액을 적용한다. 그리고 2인을 초과하는 경우에는 2인을 초과하는 자녀의 수를 실제 공제대상가족의 수에 합산한 가족의 수에 해당하는 "다자녀"란의 세액을 적용한다.
- 간이세액조견표상의 행에서 해당 월급여액을 열에서 공제대상인원을 찾아 적용하면 된다.

앞에서 작성한 급여명세서를 가지고 간이세액조견표를 적용하여 갑근세 등을 찾아보면 다음과 같다.

월급여액 (비과세 소득제외)	구분	세목	공제대상가족의 수 (본인, 배우자를 각각 1인으로 봄)				
			1인	2인	3인	4인	5인
2,580,000 이상 2,590,000 이하	일반	갑근세	72,280	59,430	37,280	32,610	27,940
		주민세	7,220	5,940	3,720	3,260	2,790
	다자녀	갑근세			34,940	30,280	25,610
		주민세			3,490	3,020	2,560

급여와 상여금을 지급하는 경우(상여금지급대상기간이 있는 경우)

지급대상기간이 있는 상여금과 급여를 같이 지급할 때 원천징수하는 갑근세는 다음의 산식으로 계산한다.

[{상여금 + 상여금지급기간총급여} / 지급대상기간의 월수]에 대한 간이세액표상의 갑근세액 x 지급대상기간의 월수 – 지급대상기간의 기납부한 갑근세액(가산세 제외)

상여금을 분기 마지막달마다 100%씩 지급한다고 가정할 때 신경종씨의 9월급여 2,583,000원과 상여금 2,583,000원에 대한 갑근세를 계산하면 다음과 같다.

[{2,583,000 + 2,583,000 X 3월}/3]에 대한 간이세액표상의 갑근세액 x 3 – 118,860 (7,8월 갑근세액의 합계) = 180,170 X 3 – 118,860 = 421,650(9월 원천징수할 갑근세)

월급여액 (비과세 소득제외)	구분	세목	공제대상가족의 수 (본인, 배우자를 각각 1인으로 봄)				
			1인	2인	3인	4인	5인
3,440,000 이상 3,460,000 이하	일반	갑근세	194,330	180,170	130,510	116,340	102,180
		주민세	19,430	18,010	13,050	11,630	10,210
	다자녀	갑근세			123,430	109,260	95,090
		주민세			12,340	10,920	9,500

급여와 상여금을 지급하는 경우(상여금지급대상기간이 없는 경우)

지급대상기간이 없는 상여금은 1월 1일(또는 직전에 상여 등을 받은 달의 다음달)부터 당해 상여금 등의 지급일이 속하는 달까지를 지급대상기간으로 하여 위의 방법으로 계산하면 된다.

일용직근로자를 고용하는 경우

일용직근로자를 고용하는 경우에는 「일용직잡급대장」을 작성하고 일용근로자의 주민등록증 사본을 보관한다. 일급 80,000원까지는 세금이 없으므로 원천징수할 필요가 없고 그 이상부터는 일급을 지급할 때 원천징수한다.

일용직근로자의 원천징수세액은 다음과 같이 계산한다.

원천징수세액 = (일급 − 80,000원) × 8% × (1 − 55%) × 일수

(주)나토얀에서 일용직 직원 1명의 일당이 200,000원이며, 10일 근로에 따른 2,000,000에서 원천소득세 47,520원을 차감한 1,952,480원을 송금하다.

【분개】

(차) 잡급 2,000,000	(대) 보통예금 1,952,480 예수금 47,520

♣ 일용근로자 소득세 계산

1일 소득세를 계산하여 근로일수를 곱하여 계산하면 된다.

❶ 1일 소득세 = (200,000 − 80,000) × 8% × (1-55%) = 4,320
❷ 1일 주민세 = 4,320 × 10% = 432 원
❸ 10일 소득세 = 4,320 × 10일 = 43,200 원
❹ 10일 주민세 = 432 × 10일 = 4,320 원
❺ 원천징수할 소득세 = 43,200 + 4,320 = 47,520 원

tip 일용직근로자의 지급조서 제출의무

일용근로자에게 소득을 지급하는 경우에 근로계약이 과세기간 중에 종료되는 때에는 근로계약이 종료되는 날이 속하는 분기의 마지막 달의 다음달 말일까지(1월 말만 2월 말일) 지급조서를 원천징수관할세무서장 등에게 제출하여야 한다. 미제출시에는 지급조서 미제출가산세(2%)가 발생한다.

일용직근로자의 지급조서 제출방법

일용근로자의 경우에는 현금영수증 발급장치를 통하여 제출할 수 있으며, 다음 사항을 모두 기재하여 제출하는 경우에는 정당하게 제출한 것으로 본다.

1. 급여의 귀속연도
2. 일용근로자 또는 거주자의 주민등록번호
3. 급여액
4. 소득세(결정세액을 말한다)

● 원천세 납부시의 회계처리

앞에서 원천징수한 갑근세 등을 9월 10일에 납부하는 경우의 분개를 보면 다음과 같다.

【분개】

(차) 예수금 47,520	(대) 현금 47,520

tip 전문직종 사업장의 범위

의약품 및 의료용품 소매업(약국에 한함), 부동산 감정업, 변호사업(공증업을 포함), 변

리사업, 법무사업, 공인회계사업, 세무사업(관세사업포함), 건축설계 및 관련 서비스업(건축사업에 한함), 종합병원, 일반병원, 치과병원, 한방병원, 일반의원, 방사선진단 및 병리검사의원, 치과의원, 한의원, 수의업

비정규직 근로자
- 사업장에서 1월 이상 계속하여 일하는 임시 일용직 근로자
- 사업장에서 월 80시간 이상을 일하는 시간제 근로자

2004년 이후 의무가입대상자
- 2004년 7월: 건강보험·고용보험 가입사업장
- 2006년 1월: 그 외의 모든 사업장

4. 4대보험 원천징수실무

국민연금

(1) 가입 대상

① 사업장가입자

국민연금에 가입된 사업장의 18세 이상 60세 미만의 사용자 및 근로자로서 국민연금에 가입된 자를 말한다. 1인 이상의 근로자를 사용하는 사업장 또는 주한외국기관으로서 1인 이상의 대한민국 국민인 근로자를 사용하는 사업장에서 근무하는 18세 이상 60세 미만의 사용자와 근로자는 당연히 사업장가입자가 된다. 따라서, 지역가입자가 사업장에 취업하면 자동적으로 사업장가입자가 되고, 지역가입자 자격은 상실된다.

② 당연적용사업장

국민연금법에 의하여 국민연금에 의무적으로 가입해야 되는 사업장을 말한다. 당연적용사업장에 해당되는지 여부는 그 사업장의 근로자 수를 기준으로 하는데, 1인 이상의 근로자를 사용하는 모든 사업장은 국민연금 의무가입 대상이 된다.

당연적용사업장의 범위는 여러 차례에 걸쳐 변화하였는데, 처음

국민연금이 시작된 1988년에는 10인 이상의 근로자를 사용하는 사업장을 당연적용사업장으로 하였으나 이후 제도를 점차 확대하여 현재는 1인 이상의 근로자를 사용하는 사업장은 모두 당연적용사업장에 해당된다.

국민연금법상 "사업장"은 근로자를 사용하는 사업소 및 사무소를 말하며, 사업소, 영업소, 사무소, 점포, 공장 등 근로자를 사용하고 있는 곳은 모두 사업장에 해당된다(국민연금법 제3조 제1항 제13호). 이 경우 사업장 상호간에 본점과 지점, 대리점 또는 출장소 등의 관계에 있고, 그 사업경영이 일체로 되어 있는 경우에는 이를 하나의 사업장으로 보게 된다.

③ 신고대상이 되는 사용자 및 근로자

당연적용사업장의 사용자와 근로자는 모두 국민연금에 가입하여야 한다. 따라서, 외국인 근로자도 가입요건에 해당될 경우 가입신고를 하여야 한다. 다만, 아래와 같은 경우에는 가입대상에서 제외된다.

※ 사업장 가입 대상에서 제외되는 경우

- 18세 미만이거나 60세 이상인 사용자 및 근로자. 다만, 18세 미만의 근로자로서 본인이 희망하는 경우
  사용자의 동의를 얻어 가입할 수 있음.
- 공무원연금법 · 사립학교교직원연금법 또는 별정우체국법에 의한 퇴직연금 · 장해연금 또는 퇴직연금일시금
  수급권을 취득하거나 군인연금법에 의한 퇴역연금 · 상이연금 또는 퇴역연금일시금의 수급권을 취득한 자
- 국민기초생활보장법에 의한 수급자
- 일용근로자 또는 1개월 미만의 기한을 정하여 사용되는 근로자. 다만, 1개월 이상 계속 사용되는 경우에는 근로자에 포함.

- 소재지가 일정하지 아니한 사업장에 종사하는 근로자
- 법인의 이사 중 「소득세법」 제20조제1항에 따른 소득이 없는 자
- 1개월간의 근로시간이 80시간 미만인 시간제근로자 등 사업장에서 상시 근로에 종사할 목적으로 사용되는 자가 아닌 자

근로계약 여부 또는 근로계약 내용과 관계없이 고용기간이 1개월 이상이고, 근로시간이 월 80시간이거나 주당 평균 18시간 이상인 경우에는 가입대상이다.

(2) 취득 및 상실

① 신고사항

사업장 사용자는 사업장가입자가 사업장에 입사하거나 퇴직한 경우, 가입자의 성명 등이 변경되거나 신고내용에 오류가 있는 경우, 휴직 등의 사유로 보험료를 납부할 수 없는 경우에는 그 사유가 발생한 날이 속하는 달의 다음 달 15일까지 이를 공단에 신고하여야 한다.

② 신고기한 : 해당 사실이 발생한 날이 속하는 달의 다음달 15일까지

③ 취득 및 상실 시기

취득시기	상실시기
- 국민연금 적용 사업장의 근로자로 사용된 때 - 국민연금 적용 사업장의 사용자가 된 때 - 사업장이 당연적용사업장에 해당된 때	- 사망한 때 - 국적을 상실하거나 국외에 이주한 때 - 사용관계가 종료(퇴직)된 때 - 60세에 도달한 때 - 국민연금 가입대상에서 제외된 때

(3) 2이상의 사업장에 종사하는 경우

사업장가입자가 실제로 두 군데 이상의 국민연금에 가입된 사업장에 종사하는 경우로서, 두 군데 이상의 사업장에 모두 근로자로 종사하는 경우이거나 하나의 사업장에서 근로자이면서 다른 사업장의 사용자인 경우를 말한다.

이같이 2 이상의 사업장에 종사하는 가입자는 종사하는 사업장 모두 국민연금에 가입하여야 하며, 이때 각 사업장마다 납부하여야 하는 보험료는 아래 기준에 의하여 공단이 결정한다.

① 각 사업장의 소득월액의 합이 최고 기준소득월액(360만원)을 초과하지 않는 경우 : 각 사업장에서 받고 있는 소득월액을 기준으로 각각의 표준소득월액 결정

② 각 사업장의 소득월액의 합이 최고 기준소득월액(360등급)을 초과하는 경우 : 각 사업장별 소득월액이 그 합산된 소득월액에서 차지하는 비율을 최고 기준소득월액에 곱하여 계산된 금액을 기준으로 각각 기준소득월액을 조정 결정

③ 2 이상 적용사업장 중 최고 기준소득월액에 해당하는 소득월액을 지급하는 사업장이 있는 경우 : 최고 기준소득월액에 해당하는 소득월액을 지급하는 사업장에서만 보험료를 납부(45등급)하고, 나머지 사업장은 보험료를 납부하지 않는다. 이 경우 최고 기준소득월액에 해당하는 소득월액을 지급하는 사업장이 2 이상인 때에는 근로자수가 많은 사업장을 징수대상으로 결정하거나 사용자인 사업장을 징수대상으로 결정한다.

(4) 보험료 납부

① 보험료 금액 및 보험료율

가입자 자격취득시의 신고 또는 정기결정에 의하여 결정되는 기준소득월액(등급)에 보험료율(근로자부담분 4.5%, 사업자부담분

4.5%)을 곱하여 산정한다.

② 기준소득월액

기준소득월액이란 국민연금의 보험료 및 급여 산정을 위하여 가입자가 신고한 소득월액에서 천원미만을 절사한 금액을 말하며, 최저 22만원에서 최고금액은 360만원까지의 범위로 결정하게 된다. 따라서, 신고한 소득월액이 22만원보다 적으면 22만원을 기준소득월액으로 하고, 360만원보다 많으면 360만원을 기준소득월액으로 한다.

사업장가입자의 기준소득월액 산정 방법은

- 당해연도 입사자 : 입사당시 신고한 월 평균임금
- 전년도부터 계속 가입자 : 전년도소득총액신고에 의해 결정된다

(5) 월간 국민연금 업무흐름

- 매월 15일 : 자격변동(취득·상실 등) 신고 마감일
- 매월 25일 : 고지서 발송
- 다음달 10일 : 납부기한

국민연금은 취득일이 속한 달부터 상실일의 전날이 속한 달까지 납부하여야 한다.

(6) 국민연금의 원천징수

매월 근로자 부담분을 급여에서 원천징수하여 다음달 10일까지 사용자부담분과 함께 국민연금공단에서 고지된 납부서로 금융기관 등에 납부하면 된다.

(7) 납부시의 회계처리

앞에서 작성한 급여명세서를 참고로 하여 9월 10일에 고지된 국민

연금 232,470원을 납부하다.

【분개】

(차)		(대)	
예수금	116,235	현금	232,470
세금과공과	116,235		

건강보험

(1) 가입대상자

① 적용대상

㉠ 상시 1인 이상의 근로자를 사용하는 사업장에 고용된 근로자와 그 사용자

㉡ 근로자 없는 사업장은 적용대상이 아님

㉢ 적용제외 사업장 : 소재지가 일정하지 않은 사업장, 근로자가 없이 대표자만 있는 개인사업장

② 적용일

㉠ 사업장의 신고일이 사용자와 근로자간 고용관계 성립일이 속한 월인 경우 : 사용자와 근로자간 고용관계 성립일

㉡ 사업장의 신고일이 사용자와 근로자간 고용관계가 성립일 익월 이후인 경우 : 신고월의 1일

단, 사용자와 근로자간 고용관계 성립일로 건강보험 적용 요청시 사업자등록증, 임금대장, 원천징수이행상황신고서, 근로계약서, 갑근세 영수증 등 객관적인 자료를 확인(출장 등)후 처리

(2) 직장가입자 및 피부양자 취득

① 신고의무자 : 직장가입자는 사용자, 직장피부양자는 직장가입자

② 신고기간 : 자격취득일로부터 14일 이내

단, 직장가입자의 자격취득신고 또는 변동신고를 한 후에 별도로 피부양자 자격취득 · 신고를 한 경우에는 변동일로 부터 30일

이내 신고시 피부양자로 될 수 있었던 날로 소급인정

③ 피부양자 대상

㉠ 직장가입자에 의하여 주로 생계를 유지하는 자 :

- 직장가입자의 배우자, 직계존속(배우자의 직계존속 포함), 직계비속(배우자의 직계비속 포함) 및 그 배우자, 형제 · 자매
- 부양요건에 충족하는 자
- 피부양자 인정기준 중 부양요건 참조 [국민건강보험법 시행규칙 별표1]

㉡ 보수 또는 소득이 없는 자

피부양자로 되고자 하는 자가 기혼자인 경우 부부 모두 아래 규정을 충족하여야 한다. 아래 규정에도 불구하고 소유가옥 재건축에 따른 종합소득, 폐업으로 인한 사업중단 등 관계자료에 의하여 소득이 발생하지 않는 자임을 국민건강보험공단(이하 "공단"이라 한다)이 인정한 자는 상기 규정에 의한 소득요건을 충족한 것으로 본다.

- 사업자등록이 되어 있지 않는 자로서 소득세법 제4조 제1항 제1호의 규정에 의한 종합소득중 사업 소득과 부동산임대소득의 연간 합계액이 500만원 이하인 자
- 장애인복지법에 의하여 등록된 장애인, 국가유공자예우 및 지원에 관한법률 제4조제1항 제4호 · 제6호 · 제10호 · 제12호 · 제14호에 규정된 국가유공자 또는 동법 제73조에 규정된 북한귀순상이자로서 소득세법 제4조 제1항 제1호의 규정에 의한 종합 소득중 사업자등록 여부와 상관없이 사업소득과 부동산임대소득의 연간 합계액이 500만원 이하인자
- 사업자등록이 되어 있는 자로서 소득세법 제4조제1항제1호의 규정에 의한 종합소득 중 사업소득 및 부동산임대소득이 없는 자

(2) 가입시 필요서류

- 사업장(적용 · 변경)통보서 1부
- 사업장 현황 1부.
- 개인 : 사업자 등록증 사본 1부.
- 법인 : 사업자 등록증 사본 1부, 법인등기부 등본 1부.
- 최근 1개월의 임금대장 사본 1부.
- 직장가입자 자격(취득 · 변동)신고서

(3) 보험료의 산정

월 보험료 =
보수월액 × 보험료율(사업자부담분 2.54%, 근로자부담분 2.54%)

(4) 표준보수월액

① 보수월액(월평균보수) = 연간 총보수액 ÷ 근무월수

② 1인 보험료(가입자부담 50% + 사용자부담 50%) = 가입자부담 보험료(10원미만 단수 미계산) × 2

(5) 직장보험료 보수월액 상 · 하한선('07. 1. 1.부터 기존 부과등급 폐지)

① 하한선 : 가입자의 보수월액이 28만원 미만은 28만원으로

② 상한선 : 가입자의 보수월액이 6,579만원 초과는 6,579만원으로

※ 보험료 산정시 보수월액이 상 · 하한선에 속하지 아니한 가입자는 실제 보수월액을 기준하여 보험료 산정.

보수월액 범위	보험료율 (가입자부담분)	월보험료 산정
28만원 미만	2.54%	= 28만원 × 2.54%
28만원 이상~6,579만원 이하	2.54%	= 실제보수월액×2.54%
6,579만원 초과	2.54%	=6,579만원 × 2.54%

※ 직장가입자가 2 이상 건강보험적용사업장에서 보수를 받고 있는 경우에는 각 사업장에서 받고 있는 보수를 기준으로 각각 보수월액을 결정함.

(6) 건강보험의 원천징수

매월 표준보수월액에 해당하는 근로자 부담분을 급여에서 원천징수하여 다음달 10일까지 사용자부담분과 함께 보험공단에서 고지된 납부서로 금융기관 등에 납부하면 된다.

(7) 납부시의 회계처리

앞에서 작성한 급여명세서를 참고로 하여 9월 10일에 고지된 건강보험료 131,200원을 납부하다.

【분개】

(차)		(대)	
예수금	65,600	현금	131,200
복리후생비	65,600		

고용보험

(1) 고용보험이란

근로자(임금의 0.45%)와 사업주(임금총액의 0.9~1.5%)가 공동부담하는 기금으로 실업의 예방, 고용의 촉진 및 근로자의 직업능력의 개발, 향상은 물론 근로자의 생활에 필요한 급여를 지급하여 실직근로자의 생활안정 및 재취업을 지원하는 사회보험제도이다.

(2) 가입대상자

'98년 10월 1일부터 1인 이상의 근로자가 있는 모든 사업주는 의무적으로 고용보험에 가입해야 한다.

(3) 고용보험료의 산정 및 보고

고용보험료는 연초에 사업주가 스스로 당해 보험연도의 근로자 임금총액 추정액에 보험사업별 보험요율을 곱하여 보고·납부하고(개산보험료), 다음 연도 초에 근로자의 실제 임금총액에 보험사업별 보험요율을 곱하여 확정보험료를 보고·납부하여 정산한다(확정보험료).

따라서, 사업주는 근로자부담분(실업급여분에 대한 0.45%)를 포함하여 보험료를 먼저 납부하고 급여지급시 원천징수하면 된다.

(4) 보험사업자별 보험요율(2007년도 고용보험요율)

구	분	보험료	부 담 금
실업급여		0.9%	사업주, 근로자 각각 1/2씩
고용안정, 직업능력 개발사업	150인 미만 기업	0.25%	사업주 전액 부담
	150인 이상 우선지원대상 기업	0.45%	사업주 전액 부담
	150인 이상~1000인 미만 기업	0.65%	사업주 전액 부담
	1000인 이상 기업	0.85%	사업주 전액 부담

(5) 고용보험료의 보고 및 납부 절차

매 보험년도 초일(보험년도 중 보험관계가 성립한 경우 그 성립일)부터 70일 이내에 보험료보고서를 제출하고 보험료를 시중은행 등에 납부하면 된다. 이때 개산보험료는 4분기로 분납(분기의 중간달 15일까지)할 수 있으며 법정기한 내에 일시납부하는 경우에는 5% 공제혜택이 부여된다.

(6) 납부시의 회계처리

연초에 보험료 신고시 신경종씨의 추정임금총액은 31,000,800원이다. 3월 11일에 추정임금총액에 대하여 고용보험료(개산보험료)를 일시납하다. 이에 대한 분개는 다음과 같다.

【분 개】

(차) 선급비용	139,036	(대) 현금	411,422
복리후생비	294,040		

계 산 내 역		
	근로자부담분	사용자부담분
1) 실업급여	31,000,800 × 0.45% = 139,036	31,000,800 × 0.45% = 139,036
2) 고용안정사업	–	31,000,800 × 0.25% = 77,502
3) 직업능력개발사업	–	31,000,800 × 0.25% = 77,502
합 계	139,036	294,040

※ 139,036 + 294,040 = 433,076 × 95% = 411,422

산재보험

(1) 산재보험이란

근로자의 업무상재해를 신속·공정하게 보상하고, 재해근로자의 재활 및 사회복귀를 촉진하기 위하여 이에 필요한 보험시설을 설치·운영하며, 재해예방 기타 근로자의 복지증진을 위한 사업 등을 행함으로써 근로자 보호에 필요한 비용을 보험가입자인 사업주가 부담하는 것이다.

(2) 가입대상자 및 가입절차

산재보험의 가입대상은 상시 근로자 1인 이상의 사업장이며 상용, 일용, 임시직 등 고용형태나 명칭과 상관없다. 산재보험료는 사업자가 모두 부담한다. 그리고 그 가입절차는 산재보험가입대상이 된 날부터 14일 이내 관할 지역본부(지사)에 사업주가 「보험관계성립신고서」를 제출한다.

(3) 보험료의 산정방법

보험료 = 당해 보험연도의 임금총액 x 보험요율

(4) 임금총액의 산정

산재보험료 산정 기초임금은 보험가입자가 사용하는 모든 근로자에게 당해 보험연도 중에 지급 또는 지급하기로 결정한 일체의 금품으로서 현금 이외의 현물로 지급된 임금은 포함되나 근로의 대가가 아닌 은혜적, 호의적, 복리후생적 금품은 제외한다.

(5) 보험요율의 결정

보험요율은 보험료부담의 공평성 확보를 위하여 매년 9월 30일 현재 과거 3년간의 임금총액에 대한 보험급여총액의 비율을 기초로 보험급여지급율을 동등하다고 인정되는 사업집단별로 보험요율을 58개로 세분화하여(매년 12월 31일 고시) 적용한다.

그리고, 그 적용은

① 하나의 적용사업장에 대하여는 하나의 보험요율을 적용

② 하나의 사업장 안에서 보험요율이 다른 2종 이상의 사업이 행해지는 경우 그 중 주된 사업에 따라 적용한다.

♣ 2007년 적용요율은 58개 업종에 대하여 최저 6/1000에서 최고 522/1000, 평균 19.5/1000으로 결정 고시함.

(6) 보험료의 신고 · 납부기일

매년 1월 1일(또는 보험관계성립일)부터 70일 이내에 보험료 신고서는 근로복지공단에 제출하고 보험료 납부는 금융기관 등에 한다.

(7) 보험료의 납부시 회계처리

2006년 3월 31일에 산재보험료(개산보험료) 1,000,000원을 납부하다.

【분개】

(차) 복리후생비	1,000,000	(대) 현금	1,000,000

tip 5인 미만 사업장 징수특례제도

상시근로자 5인 미만 사업장에 대해서는 보험료의 납부편의와 보험관리의 효율성을 위하여 자진신고 · 납부 대신 기준임금을 사용하여 특례보험료를 납부기한 10일 전까지 부과 · 고지한다. 따라서, 상시근로자 5인 미만인 사업장의 사업주는 직접 보험료를 계산하여 신고 · 납부하지 않고 업종별 기준임금으로 계산하여 송부된 분기별 보험료 고지서로 납부하면 된다.

특례보험료 납부를 원하지 않는 경우 매년 3/31일까지 공단에 징수특례사업 적용제외신청서를 제출하면 이전 방식으로 신고 · 납부할 수 있다.

작성연습 1 【급여명세서】

문제1 다음의 예제를 가지고 급여일(9월 25일)의 분개, 급여명세서, 갑근세주민세 납부시(10월 10일)의 분개를 작성해 보자(제수당내역은 모두 과세대상임).

단위 : 원

성명 : 신경종	공제내역
기본급 : 2,713,560	갑 근 세 : 174,520
제수당내역	주 민 세 : 17,450
직책수당 : 200,000	국민연금 : 153,160
자격수당 : 50,000	건강보험 : 86,700
교 통 비 : 100,000	고용보험 : 15,360
근속수당 : 200,000	
연장수당 : 100,000	
식 대 : 50,000	

【분개】

(차)		(대)	
급여	3,413,560	보통예금	2,966,370
		예수금	447,190

급여명세서 (2008년 09월)					
성명		신경종	계좌번호		818-04-815486 (신한)
사번		2000081016	직책		과장
주민등록번호		660513-2222729	배우자		1명
입사일자		2000-08-10	부양가족		0명
기본급		2,713,560	공제내역	갑근세	174,520
제수당	직책수당	200,000		주민세	17,450
	자격수당	50,000		건강보험료	86,700
	출납수당	0		국민연금	153,160
	교통비	100,000		고용보험	15,360
	근속수당	200,000		가지급금	0
	해외수당	50,000		퇴직전환금	0
	연장수당	100,000		기타	0
	기타	0	공제합계액		447,190
수당계		700,000			
상여금 등			차감지급액		2,966,370
급여총지급액		3,413,560			

【분개】

(차) 예수금	191,970	(대) 현금	191,970

작성연습 2 【보험료납부】

상기의 '작성연습 1 [급여명세서]'를 참고하여 다음의 거래를 분개하라.

문제1 10월10일 : 국민연금 306,320원을 고지서에 의해 납부하다.

【10월10일 분개】

차변	금액	대변	금액
(차) 예수금	153,160	(대) 현금	306,320
세금과공과	153,160		

문제2 10월10일 : 건강보험료 173,400원을 고지서에 의해 납부하다.

【10월10일 분개】

차변	금액	대변	금액
(차) 예수금	86,700	(대) 현금	173,400
복리후생비	86,700		

작성연습 3 【원천징수】

다음의 거래를 분개하라

문제1 외부강사료 1,000,000원 중 원천세 33,000원을 제외한 967,000원을 자동이체시키다.

【분개】

(차)		(대)	
교육훈련비	1,000,000	보통예금	967,000
		예수금	33,000

문제2 일용직 근로자의 일급이 250,000원이다. 10일 근로에 따른 일용직 근로자의 원천세를 제외한 금액을 현금으로 지급하다. 이 때 원천세(주민세 포함)를 계산하고, 분개하라.

1일 소득세 : (250,000-80,000)×8%×(1-55%)=6,120
1일 주민세 : 6,120×10%=612
10일 소득세 : 6,120×10=61,200
10일 주민세 : 612×10=6,120

【분개】

(차)		(대)	
잡급	2,500,000	현금	2,432,680
		예수금	67,320

tip
- 일용직근로자의 경우에는 잡급대장을 작성하여 수령인을 받고, 주민등록등본 또는 주민등록증 사본을 보관하도록 한다.
  ⇒원천징수 신고를 한 일용직 근로자의 잡급은 명백하지만, 원천징수 신고를 하지 아니한 일용직 근로자의 경우에는 내부적으로 잡급 지급에 대한 증빙자료를 잘 챙겨두어야 한다.

문제3 임직원들의 휴가비 1,000,000원을 현금 지급하다.

【분개】

(차) 복리후생비	1,000,000	(대) 현금	1,000,000

tip
- 휴가비 지급은 원칙적으로 근로소득으로 보므로 원천징수를 하여야 한다. 회사에서는 복리후생비의 계정으로 처리하든, 급여의 계정으로 처리하든 회사의 비용 인정에는 아무런 영향이 없다. 그러나, 연말정산시 이 금액은 근로소득세 과세대상이므로 합산하여 연말정산하여야 한다.
- 다음과 같은 비과세대상인 휴가비의 경우에는 연말정산시 합산하지 아니한다.
  1. 해외근무에 대한 귀국휴가여비로서 국외에 근무하는 내국인 근로자 또는 국내에 근무하는 외국인 근로자의 본국 휴가에 따른 여비는 다음의 조건과 범위 내에서 실비변상적 비과세되는 급여로 본다(국조 12601-312, 1982.03.11).
     1) 회사의 사규 또는 고용계약서 등에 본국 이외의 지역에서 1년 이상 근무한 근로자 또는 1년 이상 근무하기로 규정된 경우에 귀국여비를 회사가 부담하고
     2) 직무수행상 필수적이라고 인정되는 휴가인 경우 교통비로서 합리적인 범위 내의 금액에 한하여 소득세법 시행령 제8조 제3호에 규정된 실비변상적 성질의 급여로 보며, 이 때 동반가족의 여비는 포함하지 않는다.

제10장
어음 및 수표 관리대장

1. 어음과 수표에 대하여

어음이란

어음에는 약속어음과 환어음이 있는데, 국내의 상거래에서는 대부분 약속어음이 사용되고 있으므로 일반적으로 어음이라 하면 약속어음을 지칭한다. 약속어음이란 어음발행인(어음상의 채무자)이 만기에 일정한 금액을 수취인(어음상의 채권자) 또는 그 지시인에게 지급할 것을 무조건적으로 약속하는 지급약속증권이다.

발행인이 어음용지에 필요한 사항을 기입하고 기명날인하여 수취인에게 주는 것을 어음의 발행이라 한다. 어음의 발행은 어음금액의 지급장소로 은행을 지정하는 것이 상례(당좌예금계좌 개설)이므로 은행을 지급장소로 하는 어음은 은행의 약정되어진 통일된 어음용지를 사용하여야 한다.

약속어음을 기입할 때 어음용지에 기입해야 할 사항은 다음과 같다.

① 수취인의 이름

② 액면금액

③ 지급기일

④ 지급지
⑤ 발행일
⑥ 발행지 또는 발행인의 주소
⑦ 발행인의 기명날인

수표란

발행인이 지급인(은행)에 대하여 수취인 또는 기타 정당한 소지인에게 일정한 금액을 지급할 것을 위탁하는 형식의 유가증권이다. 수표를 발행하기 위해서는 지급은행에 당좌예금이 개설되어 있어야 하고, 수표를 발행하려면 수표자금이 있는 은행과 수표계약을 체결하여야 한다.

수표발행시의 인감은 지급은행에 신고된 인감을 사용하여야 하며, 기명날인이 없는 수표는 필요요건 불비로 무효처리된다.

거래은행에 당좌예금계좌가 있을 때 통일된 양식의 수표용지를 교부받을 수 있다. 수표의 발행인은 수표용지에 필요한 사항을 기재하고 기명날인을 한 뒤 수취인에게 교부함으로써 수표가 발행된다.

수표를 발행할 때 기입해야 할 사항은 다음과 같다.

① 지급금액(수표금액)
② 발행일
③ 발행인의 기명날인

어음의 배서양도 · 할인

배서양도란 어음의 유통을 증진시키기 위하여 법이 인정하고 있는 간편한 양도방법으로서 어음을 가지고 있는 사람이 보통 어음의 뒷면에 어음의 권리를 특정인에게 양도한다는 취지를 쓰고, 자기이름과 도장을 찍어 그 특정인에게 주는 것이다.

어음의 할인이란 어음을 만기일 이전에 거래은행에 의뢰하여 소정의 할인료를 지급하고 잔여금액을 수령하는 것을 말한다.

2. 어음및수표관리대장의 작성

어음 및 수표용지는 1권(어음은 10장, 수표는 20장) 단위로 거래은행에서 교부되므로 아직 발행되지 아니한 어음 및 수표용지의 관리를 하여야 한다. 이를 위해 어음및수표관리대장이라는 보조장부가 필요하다.

어음 및 수표 관리대장의 형태와 작성방법은 다음과 같다.

어음및수표관리대장(2008년)							결재				
구분	구입			발행					비고
	구입일자	어음(수표)번호	확인	발행일	만기일	지급처	어음(수표)금액	확인	
어	7/2	자가1234501		7/21	10/21	미래(주)	5,000,000		
	〃	자가1234502							
	〃	자가1234503							
	〃	자가1234504							
	〃	자가1234505							
	〃	자가1234506							
	〃	자가1234507							
	〃	자가1234508							
	〃	자가1234509							
	〃	자가1234510							

작성요령

① 구분란 : 어음이면 '어', 수표이면 '수'라고 기입한다.

② 구입일자란 : 은행으로부터 어음 등을 구입한 일자를 기입한다.

③ 어음(수표)번호란 : 어음(수표)의 번호를 기입한다.

④ 구입의 확인란 : 구매한 어음의 번호별로 확인날인을 한다.
⑤ 발행일란 : 어음의 발행일을 기입한다.
⑥ 만기일란 : 어음의 만기일을 기입한다.
⑦ 지급처란 : 어음의 지급처를 기입한다.
⑧ 어음금액란 : 어음의 액면금액을 기입한다.

3. 받을어음

받을어음은 상품·제품 등을 판매하고 그 대금을 약속어음 등으로 받은 경우 처리하는 계정이다. 즉, 일반적 상거래에서 발생한 어음상의 채권이라 할 수 있다.

● 받을어음의 회계처리

(1) 외상매출금을 어음으로 회수한 경우

대상실업의 외상매출금을 어음 1,500,000원으로 회수하다.

【분개】

차변	금액	대변	금액
(차) 받을어음	1,500,000	(대) 외상매출금	1,500,000

(2) 받을어음을 할인한 경우

받을어음(액면금액:10,000,000원)을 은행에 할인하고 보통예금에 입금하다. 할인료는 400,000원이다.

【분개】

차변	금액	대변	금액
(차) 보통예금	9,600,000	(대) 받을어음	10,000,000
매출채권처분손실	400,000		

(3) 채무의 지급을 위하여 보유중인 어음을 배서양도한 경우

한국재정(주)의 외상매입금 2,500,000원의 지급을 위하여 약속어음을 배서양도하다.

【분개】

(차) 외상매입금	2,500,000	(대) 받을어음	2,500,000

(4) 보유중인 어음이 부도가 난 경우

예진상사로부터 받은 약속어음 3,000,000원이 부도가 나다.

【분개】

(차) 부도어음	3,000,000	(대) 받을어음	3,000,000

(5) 만기가 되어 당좌예금에 입금된 경우

보유중인 약속어음 3,000,000원이 만기가 되어 당좌예금에 입금되다.

【분개】

(차) 당좌예금	3,000,000	(대) 받을어음	3,000,000

받을어음기입장

받은어음은 만기일까지 보유하거나 할인 또는 배서를 통하여 현금화할 수 있으며, 분실에 대비해서 반드시 어음사본을 보관하여야 하며, 받을어음기입장의 보조장부를 작성하여 관리하여야 한다.

받을어음기입장은 회사가 보유중인 어음에 대한 정보를 담고 있으므로 회사의 자금운용계획에 유용한 보조장부이다. 즉, 회사의 현금자금이 여유롭지 못한 때에는 받을어음을 만기일 전에 할인하여 현금화 할 수 있다.

받을어음기입장의 형태와 작성방법은 다음과 같다.

받을어음기입장

2008년

(주)나토얀 (단위 : 원)

일자	적 요	지급인	발행인 또 는 배서인	어음 종류	어음번호	발행일	만기일	어음금액	지급 장소	비고
6/11	외상매출금	재정(주)	재정(주)	약속	가나1234567	6/11	9/11	5,000,000	우리잠실	

(1) 작성요령

① 일자란 : 어음을 수취한 일자를 기입한다.

② 적요란 : 어음의 취득경위 등을 기입한다.

③ 지급인란 : 어음의 지급인을 기입한다.

④ 발행인 또는 배서인란 : 발행인 또는 배서인의 상호 등을 기입한다.

⑤ 어음종류란 : 어음의 종류를 기입한다.

⑥ 어음번호란 : 어음번호를 기입한다.

⑦ 발행일란 : 어음의 발행일을 기입한다.

⑧ 만기일란 : 어음의 만기일을 기입한다.

⑨ 어음금액란 : 어음의 액면금액을 기입한다.

⑩ 지급장소란 : 어음의 지급장소를 기입한다.

⑪ 비고란 : 어음의 할인·배서·만기추심 등의 내용을 기입한다.

4. 지급어음

지급어음의 회계처리

지급어음이란 일반적 상거래에서 발생한 어음상의 채무를 처리하는 계정이다. 이는 회사가 어음을 발행할 때 사용하는 계정이다. 따라서, 이미 거래처로부터 받은 어음을 다른 거래처에 배서양도할 때는 대변에 지급어음의 계정이 아닌 받을어음의 계정으로 처리한다.

(1) 외상매입금을 어음 발행하여 지급하는 경우

현진상사의 외상매입금 15,000,000원을 어음을 발행하여 지급하다.

【분개】

(차) 외상매입금	15,000,000	(대) 지급어음	15,000,000

(2) 원재료 구입시 어음을 발행하는 경우

당사는 원재료 4,500,000원을 구입하면서 어음을 발행해 주다.

【분개】

(차) 원재료	4,500,000	(대) 지급어음	4,500,000

(3) 발행한 어음이 만기가 되는 경우

당사가 발행한 약속어음 5,000,000원이 만기가 되어 당좌예금에서 결제되다.

【분개】

(차) 지급어음	5,000,000	(대) 당좌예금	5,000,000

지급어음기입장

지급어음은 지급기일에 약속한 금액을 지급하여야 부도를 방지할 수 있으므로 미리 어음의 만기일자를 파악하여 당좌예금잔액이 부족하지 않도록 하여야 한다. 이와 같이 지급어음의 관리를 위한 보조장부가 바로 지급어음기입장이다.

지급어음기입장의 형태와 작성방법은 다음과 같다.

지급어음기입장

2008년

(주)나토얀 (단위 : 원)

일자	적요	수취인	어음종류	어음번호	발행일	만기일	어음금액	지급장소	지급여부(연월일)	비고
7/21	상품대금	미래(주)	약속	자가1234567	7/21	10/21	5.000.000	우리잠실	여(08.10.21)	

(1) 작성요령

① 일자란 : 어음을 발행한 일자를 기입한다.
② 적요란 : 어음의 발행경위 등을 기입한다.
③ 수취인란 : 어음의 수취인을 기입한다.
④ 어음종류란 : 어음의 종류를 기입한다.
⑤ 어음번호란 : 어음번호를 기입한다.
⑥ 발행일란 : 어음의 발행일을 기입한다.
⑦ 만기일란 : 어음의 만기일을 기입한다.
⑧ 어음금액란 : 어음의 액면금액을 기입한다.
⑨ 지급장소란 : 어음의 지급장소를 기입한다.
⑩ 지급여부란 : 어음의 지급여부와 실제 지급일자를 기입한다.
⑪ 비고란 : 기타의 내용을 기입한다.

작성연습1 【지급어음기입장과 어음및수표관리대장】

다음의 사례에 대한 분개를 하고 지급어음기입장과 어음및수표관리대장을 작성해 보자.

문제1 8월30일 : 재정상사는 한국시스템의 외상 대금으로 액면금액 5,000,000원의 약속어음을 발행하다(발행일 : 2008.8.30, 만기일 : 2008.11.30, 어음번호 : 자가1234501, 지급지 : 우리잠실).

【분개】

(차) 외상매입금	5,000,000	(대) 지급어음	5,000,000

지급어음기입장

2008년

(주)나토얀 (단위 : 원)

일자	적요	수취인	어음종류	어음번호	발행일	만기일	어음금액	지급장소	지급여부(연월일)	비고
8/30	외상대금	한강상회	약속	자가1234501	8/30	11/30	5,000,000	우리잠실		

어음및수표관리대장(2008년)	결재				

구분	구입			발행					비고
	구입일자	어음(수표)번호	확인	발행일	만기일	지급처	어음(수표)금액	확인	
어	8/2	자가1234501		8/30	11/30	한강상회	5,000,000		
	〃	자가1234502							
	〃	자가1234503							
	〃	자가1234504							
	〃	자가1234505							
	〃	자가1234506							
	〃	자가1234507							
	〃	자가1234508							
	〃	자가1234509							
	〃	자가1234510							

작성연습 2【받을어음과 지급어음】

다음의 거래를 분개하라.

문제1 상품 11,000,000원(부가세 포함)을 매입하면서 대금 중 5,000,000원은 어음을 발행하고, 나머지는 외상으로 하다.

【분개】

차변	금액	대변	금액
(차) 상품	10,000,000	(대) 지급어음	5,000,000
부가세대급금	1,000,000	외상매입금	6,000,000

문제2 상품 2,200,000원(부가세 포함)을 판매하고 대금 중 1,000,000원은 어음을 받고 나머지는 외상으로 하다.

【분개】

차변	금액	대변	금액
(차) 받을어음	1,000,000	(대) 매출	2,000,000
외상매출금	1,200,000	부가세예수금	200,000

문제3 상품 4,000,000원(부가세 별도)을 매입하면서 대금 중 2,000,000원은 어음을 배서양도하고, 나머지는 외상으로 하다.

【분개】

차변	금액	대변	금액
(차) 상품	4,000,000	(대) 받을어음	2,000,000
부가세대급금	400,000	외상매입금	2,400,000

문제4 보유 중인 약속어음 1,000,000원을 은행에서 할인하여 할인수수료 10,000원을 차감한 금액을 당좌예금하다.

【분개】

차변	금액	대변	금액
(차) 당좌예금	990,000	(대) 받을어음	1,000,000
매출채권처분손실	10,000		

문제5 외상매출금에 대한 대금으로 10,000,000원의 약속어음을 받다.

【분개】

(차) 받을어음 10,000,000	(대) 외상매출금 10,000,000

문제6 약속어음 10,000,000원이 만기가 되어 보통예금에 입금되다.

【분개】

(차) 보통예금 10,000,000	(대) 받을어음 10,000,000

문제7 외상매입금 중 1,500,000원의 어음을 발행하다.

【분개】

(차) 외상매입금 1,500,000	(대) 지급어음 1,500,000

문제8 당사가 발행한 약속어음 1,500,000원이 만기가 되어 당좌예금에서 지급되다.

【분개】

(차) 지급어음 1,500,000	(대) 당좌예금 1,500,000

tip
- 사무실 임대 초기에 드는 인테리어 비용은 임차인이 전용으로 사용하는 것이므로 구축물 또는 시설장치의 유형자산으로 회계처리한다. 그리고, 감가상각기간 동안 감가상각도 계상한다.

⇒ 임대차계약에 따라 임차자산에 대한 수선비(자본적 지출에 한함)를 임차인이 부담한 경우에는 동 건물에 대한 임차료로 보아 임차기간에 안분하여 손금에 산입하는 것임.(법인 22601-3267, 1988.11.12)
따라서 위 예규에 따르면 자본적 지출에 해당하는 수선비가 드는 경우에는 장기선급비용의 계정으로 처리하여 임차기간동안 임차료로 비용 계상하면 된다.

작성연습 3 【받을어음기입장과 지급어음기입장】

다음의 거래를 분개하고, 받을어음기입장과 지급어음기입장을 작성하라.

문제1 10월4일 : 대성상사의 외상매출금 3,000,000원을 약속어음으로 회수하다(만기일 : 12월4일, 지급지 : 우리은행, 어음번호 : 가나12345).

【10월4일 분개】

(차) 받을어음	3,000,000	(대) 외상매출금	3,000,000

문제2 10월11일 : 을성상회로부터 상품 4,000,000원을 매입하면서 4,000,000원의 약속어음을 발행하다(만기일: 11월11일, 지급지 : 신한은행, 어음번호 : 차가12345).

【10월11일 분개】

(차) 상품	4,000,000	(대) 지급어음	4,000,000

문제3 10월19일 : 외상매입대금 중 3,000,000원을 보유 중인 약속어음으로 배서양도하다(만기일 : 12월4일, 지급지 : 우리은행, 어음번호 : 가나12345).

【10월19일 분개】

(차) 외상매입금	3,000,000	(대) 받을어음	3,000,000

문제4 10월20일 : 종로상회에 상품 1,500,000원을 판매하면서 대금은 약속어음으로 지급받다(만기일 : 11월20일, 지급지 : 하나은행, 어음번호 : 타가12345).

【10월20일 분개】

(차) 받을어음	1,500,000	(대) 매출	1,500,000

문제5 11월11일 : 당사가 발행한 약속어음이 만기가 되어 당좌예금에서 지급되다(만기일 : 11월11일, 지급지 : 신한은행, 어음번호 : 차가12345).

【11월11일 분개】

(차) 지급어음	4,000,000	(대) 당좌예금	4,000,000

문제6 11월20일 : 보유중인 약속어음이 만기일에 추심이 완료되어 당좌예금에 입금되다(만기일 : 11월20일, 지급지 : 하나은행, 어음번호 : 타가12345).

【11월20일 분개】

(차) 당좌예금	1,500,000	(대) 받을어음	1,500,000

받을어음기입장

2008년

(주)나토얀 (단위 : 원)

일자	적 요	지급인	발행인 또 는 배서인	어음 종류	어음번호	발행일	만기일	어음금액	지급 장소	비고
10/4	외상매출금	대성상사	대성상사	약속	가나12345	10/4	12/4	3,000,000	우리은행	배서
10/20	상품대금	종로상회	종로상회	약속	타가12345	10/20	11/20	1,500,000	하나은행	만기 추심

지급어음기입장

2008년

(주)나토얀 (단위 : 원)

일자	적요	수취인	어음 종류	어음번호	발행일	만기일	어음 금액	지급 장소	지급 여부 (연월일)	비고
10/11	상품대금	울성상회	약속	차가12345	10/11	11/11	4,000,000	신한은행	여(08/11/11)	

tip 부도수표 · 어음의 대손세액공제

부가가치세법상 부도수표 또는 부도어음은 금융기관으로부터 부도확인을 받은 날로부터 6월이 된 날이 속하는 과세기간의 확정신고시에 대손금액의 10/110에 상당하는 부가가치세를 공제받을 수 있다. 이 때 구비서류는 매출세금계산서 사본과 금융기관에서 확인한 부도수표 · 어음의 사본과 대손세액공제신청서를 제출하면 된다.

제11장 일일자금수지일보

1. 일일자금수지일보의 작성

일일자금수지일보는 현금 및 모든 예금잔액에 대하여 당일 입금내역과 출금내역을 상세하게 기록함으로써 일일자금흐름을 파악하고 통제하기 위하여 매일매일 기록하는 보고서이다. 일일자금수지일보를 통해서 그 기업의 자금흐름을 한 눈에 볼 수 있으므로 자금운용 및 계획 등에 유용한 장부이다. 일일자금수지일보의 형태와 작성방법은 다음과 같다.

● 작성요령

① 현금시재의 전일잔액란 : 전날의 금일잔액을 이기한다.
② 현금시재의 입・출금란 : 현금출납장의 입・출금액을 이기한다.
③ 보통예금의 전일잔액란 : 보통예금의 전일의 금일잔액을 이기한다.
④ 보통예금의 입금란 : 금일의 보통예금의 입금액을 기입한다.
⑤ 보통예금의 출금란 : 금일의 보통예금의 출금액을 기입한다.
⑥ 기타제예금란 : 종류별 은행별로 각각 구분하여 기입한다.
⑦ 받을어음란 : 받을어음의 전일잔액과 금일증가・감소액을 기입한다.
⑧ 지급어음란 : 지급어음의 전일잔액과 금일증가・감소액을 기입한다.

일일자금수지일보	사장	전무	부장	과장	담당

작성일자	2008년 7월 28일

구 분	적 요	전일잔액	입 금	출 금	금일잔액	현 금 잔 액	
현 금 시 재		41,050	2,816,000	2,780,000	77,050	종류	최종마감잔액

보통예금은행명	전일잔액	입 금	출 금	금일잔액		
국민(잠실)	100,000			100,000	만원권	7매
우리(잠실)	5,000,000		1,000,000	4,000,000	천원권	7매
신한(잠실)	2,000,000		1,816,000	184,000		
기업(잠실)	3,000,000		2,500,000	500,000		
보통예금 합계	10,100,000		5,316,000	4,784,000		

구 분	은 행 명	전일잔액	입 금	출 금	금일잔액	수표매수계	수표총액
적금	우리(잠실)	2,500,000	2,500,000		5,000,000		
예금	우리(잠실)	9,000,000			9,000,000		
기타제예금 합계		11,500,000	2,500,000		14,000,000		

구 분	전 일 잔 액	금일증가액	금일감소액	금 일 잔 액
받 을 어 음	431,024,971			431,024,971
지 급 어 음	419,059,151			419,059,151

비 고	

작성연습 1 【일일자금수지일보】

앞의 2008년 7월 28일의 일일자금수지일보를 참고로 다음의 7월 29일의 자료를 가지고 2008년 7월 29일의 일일자금수지일보를 작성하라.

문제1

① 현금출납장의 내역
입금 : 1,456,000
출금 : 924,000
만원권 : 60매, 천원권 : 7매

② 보통예금의 내역

은행	입금	출금
국민(잠실)		50,000
우리(잠실)	5,000,000	
신한(잠실)	3,000,000	
기업(잠실)		

③ 기타제예금의 내역 없음.
④ 받을어음, 지급어음의 내역 없음.

일일자금수지일보	사장	전무	부장	과장	담당

작성일자	2008년 7월 29일

구 분	적 요	전일잔액	입 금	출 금	금일잔액	현 금 잔 액	
현 금 시 재		77,050	1,456,000	924,000	609,050	종류	최종마감잔액

보통예금은행명	전일잔액	입 금	출 금	금일잔액	만원권	60매
국민(잠실)	100,000		50,000	50,000	천원권	7매
우리(잠실)	4,000,000	5,000,000		9,000,000		
신한(잠실)	184,000	3,000,000		3,184,000		
기업(잠실)	500,000			500,000		
보통예금 합계	10,100,000	8,000,000	50,000	12,734,000		

구 분	은 행 명	전일잔액	입 금	출 금	금일잔액	수표매수계	수표총액
적금	우리(잠실)	5,000,000			5,000,000		
예금	우리(잠실)	9,000,000			9,000,000		
기타제예금 합계		14,000,000			14,000,000		

구 분	전 일 잔 액	금일증가액	금일감소액	금 일 잔 액
받 을 어 음	431,024,971			431,024,971
지 급 어 음	419,059,151			419,059,151
비 고				

제12장 일계표와 월계표

1. 일계표의 작성

일계표는 분개장 작성 후 작성하는 것으로 각각의 계정별로 그 날에 발생한 동일계정과목의 모든 금액을 집계한 표이다. 일계표는 그 날에 발생한 모든 거래의 계정과목별 집계이므로 일계표를 보면 그 날의 거래상황을 한 눈에 알 수 있다. 또한 일계표는 다른 장부를 통제하는 기능을 가진다. 즉 각 계정별원장에서 당일의 매출이나 비용 등의 합계금액은 일계표의 계정금액과 일치해야 하기 때문이다. 그러나 일계표는 회계상의 필수적인 장부는 아니다.

다만, 회사가 기장의 통제나 편의성을 위해 작성할 뿐이며 회사의 규모가 작고 유능한 경리자라면 일계표 없이도 장부를 작성할 수 있을 것이다. 그러나 회사에서 일계에 대한 정보가 필수적이라면 당연히 일계표를 작성하여야 할 것이다. 대부분의 전산화된 회계시스템에서는 일계표는 필수적으로 출력된다.

전표를 현금전표인 입·출금전표와 대체전표로 분류하여 기입하는데, 차변의 현금은 출금전표가 대변의 현금은 입금전표의 내용이 오게 된다. 그 대차금액의 합계는 대차평균의 원리에 따라 일치하여야 한다.

일계표의 형태는 다음과 같다.

일계표

2008년 7월 22일

(주)나토얀 (단위 : 원)

차변			계정과목	대변		
계	대체	현금		현금	대체	계
21,250,000	**21,100,000**	**150,000**	**유동자산**	**2,000,000**	**20,000,000**	**22,000,000**
21,250,000	21,100,000	150,000	〈당좌자산〉	2,000,000	20,000,000	22,000,000
10,000,000	10,000,000		보통예금	1,000,000	10,000,000	11,000,000
1,100,000	1,100,000		외상매출금	1,000,000	10,000,000	11,000,000
10,000,000	10,000,000		받을어음			
150,000		150,000	부가세대급금			
1,500,000		**1,500,000**	**고정자산**	**1,000,000**		**1,000,000**
1,500,000		1,500,000	〈유형자산〉	1,000,000		1,000,000
			차량운반구	1,000,000		1,000,000
1,500,000		1,500,000	비품			
24,000,000	20,000,000	4,000,000	〈유동부채〉	1,050,000	21,100,000	22,150,000
12,500,000	10,000,000	2,500,000	외상매입금			
			지급어음		10,000,000	10,000,000
			미지급금		1,000,000	1,000,000
			부가세예수금	50,000	100,000	150,000
11,500,000	10,000,000	1,500,000	단기차입금	1,000,000	10,000,000	11,000,000
			〈자본금〉	50,000,000		50,000,000
			자본금	50,000,000		50,000,000
			〈매출〉	500,000	1,000,000	1,500,000
			상품매출	500,000	1,000,000	1,500,000
1,600,000	1,100,000	500,000	〈판매비와관리비〉		100,000	100,000
100,000	100,000		복리후생비			
1,500,000	1,000,000	500,000	접대비		100,000	100,000
			〈영업외수익〉	1,000,000		1,000,000
			이자수익	1,000,000		1,000,000
1,000,000		1,000,000	〈영업외비용〉			
1,000,000		1,000,000	이자비용			
49,350,000	42,200,000	7,150,000	[금일소계]	55,500,000	42,200,000	97,750,000
48,400,000		48,400,000	[금일잔고 / 전일잔고]			
97,750,000	42,200,000	55,550,000	[합계]	55,550,000	42,200,000	97,750,000

2. 월계표의 작성

일계표를 특정한 달 한 달치를 합하면 한 달간의 거래내역의 집계가 되는데 이를 월계표라 한다. 대부분의 경영자나 관리자는 당일의 거래에 대해서는 기억을 할 수 있다. 일상적 경비나 일상적 수익 외의 큰 거래는 쉽게 눈에 띄게 될 것이다. 그러나 한 달간의 실적에서 다른 달과의 비교는 쉽지가 않을 것이다. 월계표는 한 달간의 거래실적을 요약해서 보여주는 표이다. 월계표는 일계표를 한 달간 합산해서 구할 수 있다.

그러나 더 쉽게 구하는 방법은 총계정원장에서 월계금액을 월계표 양식(일계표 양식과 동일)에 이기하면 된다. 총계정원장의 월계는 원장의 월계금액과 당연히 일치한다.

작성연습1 【일계표】

11월16일의 다음 거래에 대해 분개하고 일계표를 작성하라.

문제1 관지상회에 상품 2,500,000원(부가세 별도)을 외상으로 판매하다.

【분개】

차변	금액	대변	금액
(차) 외상매출금	2,750,000	(대) 매출	2,500,000
		부가세예수금	250,000

문제2 동선상사에 상품 600,000원(부가세 별도)을 현금으로 판매하다.

【분개】

차변	금액	대변	금액
(차) 현금	660,000	(대) 매출	600,000
		부가세예수금	60,000

문제3 일용직 잡급 60,000원을 현금 지급하다(1일 근무함).

【분개】

차변	금액	대변	금액
(차) 잡급	60,000	(대) 현금	60,000

문제4 삼사상회에 상품 3,500,000원(부가세 별도)을 외상으로 매입하다.

【분개】

차변	금액	대변	금액
(차) 상품	3,500,000	(대) 외상매입금	3,850,000
부가세대급금	350,000		

문제5 관지상회의 외상매출금 중 1,000,000원을 현금으로 회수하다.

【분개】

차변	금액	대변	금액
(차) 현금	1,000,000	(대) 외상매출금	1,000,000

일계표

2008년 11월 16일

(주)나토얀 (단위 : 원)

차 변			계정과목	대 변		
계	대 체	현 금		현 금	대 체	계
6,600,000	6,600,000	0	유 동 자 산	1,000,000	0	1,000,000
3,100,000	3,100,000	0	〈당 좌 자 산〉	1,000,000	0	1,000,000
3,750,000	2,750,000	0	외 상 매 출 금	1,000,000	0	1,000,000
350,000	350,000	0	부 가 세 대 급 금	0	0	0
3,500,000	3,500,000	0	〈재 고 자 산〉	0	0	0
3,500,000	3,500,000	0	상 품	0	0	0
0	0	0	〈유 동 부 채〉	60,000	4,100,000	4,160,000
0	0	0	외 상 매 입 금		3,850,000	3,850,000
0	0	0	부 가 세 예 수 금	60,000	250,000	310,000
0	0	0	〈매 출〉	600,000	2,500,000	3,100,000
0	0	0	상 품 매 출	600,000	2,500,000	3,100,000
0	0	60,000	〈판매비와관리비〉	0	0	0
0	0	60,000	잡 급	0	0	0
6,660,000	6,600,000	60,000	[금 일 소 계]	1,660,000	6,600,000	8,260,000
1,600,000	0	1,600,000	[금일잔고 / 전일잔고]	0	0	0
8,260,000	6,600,000	1,660,000	[합 계]	1,660,000	6,600,000	8,260,000

제13장
계정별원장

1. 계정별원장의 작성

계정별원장이란

각 계정의 거래내역을 상세히 기록한 장부로서 건별 전표의 내용을 계정과목별로 집계한 장부이다. 이는 주요장부인 총계정원장의 보조장부이다.

작성요령

계정별원장

계정과목 : 미지급금

2008년 10월 01일~2008년 10월 31일

(주)나토얀 (단위 : 원)

날짜	적요란	거래처명	차변	대변	잔액
	[전 기 이 월]			5,000,000	5,000,000
10/1	차량 구입 미지급	(주)현대자동차		10,000,000	15,000,000
10/31	차량 할부대금(1회)	(주)현대자동차	1,000,000		14,000,000
[월 계]			1,000,000	10,000,000	
[누 계]			1,000,000	15,000,000	

① 원장을 계정과목별로 분류한다.

② 계정과목별로 전표상의 계정에 해당하는 차변금액(또는 대변금액)은 차변(또는 대변)에 전기한다.

③ 잔액을 계산한다.

④ 월계(또는 누계)에서 차변 합계와 대변 합계를 계산한다.

작성연습 1【계정별원장】

문제 다음의 전표를 보고 계정별원장을 작성하라.

입 금 전 표

NO. ____

2008년 07월 22일

과 목	매출	항 목	상품매출
적 요		금 액	
보통예금인출		₩1000000	
조흥은행			
합 계		₩1000000	

출 금 전 표

NO. ____

2008년 04일 20일

과 목	판매비와관리비	항 목	복리후생비
적 요		금 액	
직원 유니폼 구입비		₩500000	
유니상사			
합 계		₩500000	

대 체 전 표

NO. ____

(차변) 2008년 07월 22일 (대변)

과 목	적 요	금 액	과 목	적 요	금 액
받을어음	용신상회(주)	₩10000000	외상매출금	어음수금	₩10000000
	NO.12345			용신상회(주)	
합 계		₩10000000	합 계		₩10000000

계정별원장

계정과목 : 보통예금
2008년 07월 01일~2008년 07월 31일

(주)나토얀 (단위 : 원)

날짜	적요란	거래처명	차변	대변	잔액
	[전 기 이 월]				20,500,000
7/22	보통예금인출			1,000,000	19,500,000
[월 계]				1,000,000	

계정별원장

계정과목 : 복리후생비
2008년 07월 01일~2008년 07월 31일

(주)나토얀 (단위 : 원)

날짜	적요란	거래처명	차변	대변	잔액
	[전 기 이 월]				10,000,000
7/22	직원 유니폼 구입비		5,000,000		15,000,000
[월 계]			5,000,000		

계정별원장

계정과목 : 받을어음

2008년 07월 01일~2008년 07월 31일

(주)나토얀 (단위 : 원)

날짜	적요란	거래처명	차변	대변	잔액
	[전 기 이 월]				5,000,000
7/22	외상대금 회수		10,000,000		15,000,000
[월 계]			10,000,000		

계정별원장

계정과목 : 외상매출금

2008년 07월 01일~2008년 07월 31일

(주)나토얀 (단위 : 원)

날짜	적요란	거래처명	차변	대변	잔액
	[전 기 이 월]				50,000,000
7/22	외상대금 어음회수			10,000,000	40,000,000
[월 계]				10,000,000	

제14장 총계정원장

1. 총계정원장의 작성

총계정원장은 일계표에 기입된 계정과목별 일별 합계금액을 장부상에서 통제하는 장부이다. 보조부, 원장 등의 회사가 비치하는 경리상의 모든 장부는 총계정원장상의 금액을 전표별로 풀어서 기입한 것이다. 따라서 총계정원장은 원장이나 여타장부를 통제함과 동시에 계정과목별·일자별 집계금액 뿐만 아니라 월별금액, 누계금액을 요약해서 표시해 주므로 회계의 목적인 경영성과(손익계산서)나 재무상태(대차대조표)를 회계의 목적에 가장 가깝게 나타내 준다. 따라서 총계정원장은 경리상의 필수적인 장부이다.

총계정원장의 형태는 다음과 같다.

총계정원장

외상매출금

(주)나토얀 (단위 : 원)

월	일	적요	차변	대변	잔액	비고
		(전월이월)	14,300,000	12,450,000	1,850,000	
7	1	일계표에서 이기	3,501,000	1,230,000	4,121,000	
	2	〃	1,549,300	594,200	5,076,100	
	3	〃	3,410,000	3,210,000	5,276,100	
	5	〃	1,123,000	2,450,000	3,949,100	
	6	〃	1,590,000	1,240,000	4,299,100	
	8	〃	4,000,000	3,500,000	4,799,100	
	10	〃	13,100,000	2,500,000	15,399,100	
	22	〃	1,000,000	11,000,000	5,399,100	
	28	〃	2,300,000	1,900,000	5,799,100	
	29	〃	1,200,000	1,000,000	5,999,000	
	30	〃	1,450,000	3,000,000	4,449,100	
	31	〃	3,210,000	2,900,000	4,759,100	
월계			26,433,300	23,524,200	2,909,100	
누계			40,733,300	35,974,200	4,759,100	

작성연습 1 【총계정원장】

문제 다음의 일계표에 있는 외상매입금에 대한 총계정원장을 작성하라.

일계표

2008년 12월 10일

(주)나토얀 (단위 : 원)

차변			계정과목	대변		
계	대체	현금		현금	대체	계
			〈유동부채〉			
600,000	500,000	100,000	외상매입금		1,000,000	1,000,000

일계표

2008년 12월 11일

(주)나토얀 (단위 : 원)

차변			계정과목	대변		
계	대체	현금		현금	대체	계
			〈유동부채〉			
300,000		300,000	외상매입금		500,000	500,000

일계표

2008년 12월 12일

(주)나토얀 (단위 : 원)

차변			계정과목	대변		
계	대체	현금		현금	대체	계
			〈유동부채〉			
600,000	600,000	100,000	외상매입금		5,000,000	5,000,000

일계표

2008년 12월 13일

(주)나토얀 (단위 : 원)

차변			계정과목	대변		
계	대체	현금		현금	대체	계
			〈유동부채〉			
100,000		100,000	외상매입금			

일계표

2008년 12월 15일

(주)나토얀 (단위 : 원)

차변			계정과목	대변		
계	대체	현금		현금	대체	계
			〈유동부채〉			
			외상매입금		1,000,000	1,000,000

일계표

2008년 12월 17일

(주)나토얀 (단위 : 원)

차변			계정과목	대변		
계	대체	현금		현금	대체	계
			〈유동부채〉			
500,000	500,000		외상매입금			

총계정원장

외상매입금

(주)나토얀 (단위 : 원)

월	일	적요	차변	대변	잔액	비고
12	9				2,150,000	
12	10	일계표에서 이기	600,000	1,000,000	2,550,000	
	11	〃	300,000	500,000	2,750,000	
	12	〃	600,000	5,000,000	7,150,000	
	13	〃	100,000		7,050,000	
	15	〃		1,000,000	8,050,000	
	17	〃	500,000		7,550,000	

tip
- 외상매입금이 대변에 계상되어 있는 것은 외상매입금의 증가를 말한다. 따라서, 외상매입금이 증가하였다는 것은 상품 등을 외상으로 매입했다는 의미이므로 상대 계정을 추측할 수 있다.
- 외상매입금이 차변에 계상되어 있는 것은 외상매입금의 감소를 말한다. 따라서, 외상매입금이 감소하였다는 것은 외상대금을 지급하였다는 의미이다.

제15장 월차영업보고서

1. 영업보고서란

연 결산시에 재무제표와는 달리 영업의 전반적인 상황을 문장의 형식으로 기재하여 보고하는 서류로서 이사는 이사회의 승인을 얻어 주주총회에 보고하여야 한다.

영업보고서에는 다음의 내용으로 구성된다.

① 회사의 개황
- 회사의 목적
- 회사의 중요한 사업내용
- 영업소, 공장 및 종업원의 상황
- 주식, 사채의 상황

② 영업의 경과 및 성과(자금조달 및 설비투자의 상황을 포함한다.)

③ 모회사와의 관계, 자회사 및 기업결합사항 등

④ 최근 3년간 영업실적 및 재산상태의 변동상황

⑤ 회사가 대처할 과제

⑥ 이사 및 감사 상황(이사 · 감사의 성명, 회사에 있어서의 지위 및 담당업무, 회사와의 거래관계)

⑦ 대주주 현황
- 주주가 회사인 경우에는 그 회사의 자회사가 보유하는 주식을 합산.
- 보유주식수 및 회사와의 거래관계
- 회사의 당해 대주주에 대한 출자의 현황

⑧ 회사 및 자회사 또는 자회사의 타회사에 대한 출자현황

⑨ 중요한 채권자, 채권액 및 당해 채권자가 가지고 있는 회사의 주식수

⑩ 기타 영업에 관한 사항으로서 중요하다고 인정되는 사항

2. 월차영업보고서의 작성

월차영업보고서는 연결산시의 영업보고서와 큰 차이는 없으며 한 달간의 기간에 대한 영업실적을 보고한다는 측면에서 약식으로 하는 것이 통례이다.

제16장 합계잔액시산표

1. 합계잔액시산표란

시산표는 일정기간을 주기로 작성하는 계정집계표이다. 이를 작성하는 이유는 앞서 일계표, 월계표 등과 같이 기업의 일정기간의 내역을 한 눈에 살펴볼 수 있고, 장부작성의 오류를 쉽게 찾아볼 수 있다는 장점이 있기 때문이다.

시산표는 일반적으로 결산기에 작성되는데, 그 종류로는 계정과목별로 잔액만을 집계하는 잔액시산표, 합계만을 집계하는 합계시산표, 잔액과 합계를 모두 집계하는 합계잔액시산표가 있다. 일반적으로 실무에서는 합계잔액시산표를 많이 사용한다.

2. 합계잔액시산표의 작성

합계잔액시산표와 월계표의 차이점은 월계표는 당월 발생부분만 나타낸 표인데 반해 합계잔액시산표는 개시일부터 일정시점까지의 계정과목별 누계금액을 나타내는 표라는 점이다. 따라서 개시 대차대조표에서 일정시점까지의 모든 전표를 계정과목별로 합산하면 합계잔액시산표이며 일계표를 당월분만 합산하면 월계표이고 개시 대차대조표에서 당월분까지의 매 월계표를 합산하면 당월까지의 합계잔액시산표가 된다.

【 합계잔액시산표의 양식 구성 】

차변		계정과목	대변	
잔액	합계		합계	잔액
잔액	(합계)	자산	(합계)	
	(합계)	부채	(합계)	잔액
	(합계)	자본	(합계)	잔액
	(합계)	수익	(합계)	잔액
잔액	(합계)	비용	(합계)	
잔액	합계		합계	잔액

작성요령

① 계정과목란 : 자산, 부채, 자본, 수익, 비용의 순으로 기입한다.

② 차변의 합계란 : 총계정원장의 차변의 누계금액을 이기한다.

③ 대변의 합계란 : 총계정원장의 대변의 누계금액을 이기한다.

④ 차·대변의 잔액란 : 자산·비용의 잔액은 차변에, 부채·자본·수익의 잔액은 대변에 나타난다.

합계잔액시산표의 형태는 다음과 같다.

합계잔액시산표

2008년 12월 현재

(주)나토얀 (단위 : 원)

차변		계정과목	대변	
잔액	합계		합계	잔액
70,778,667	**218,178,000**	**유동자산**	**147,814,333**	**415,000**
68,528,667	205,178,000	〈당좌자산〉	136,814,333	165,000
4,142,000	72,800,000	현금	68,658,000	
21,888,000	64,538,000	보통예금	42,650,000	
16,000,000	16,000,000	단기매매증권		
16,500,000	16,500,000	외상매출금		
		대손충당금	165,000	165,000
	16,500,000	받을어음	16,500,000	
9,986,667	14,480,000	선급비용	4,493,333	
	500,000	가지급금	500,000	
	3,848,000	부가세대급금	3,848,000	
12,000	12,000	선납세금		
2,250,000	13,000,000	〈재고자산〉	11,000,000	250,000
2,250,000	13,000,000	상품	10,750,000	
		매입할인	250,000	250,000
25,800,000	**26,600,000**	**고정자산**	**3,800,000**	**3,000,000**
15,000,000	15,000,000	〈유형자산〉	3,000,000	3,000,000
10,000,000	10,000,000	차량운반구		
		감가상각누계액	2,000,000	2,000,000
5,000,000	5,000,000	비품		
		감가상각누계액	1,000,000	1,000,000
10,700,000	11,500,000	〈무형자산〉	800,000	
9,500,000	10,000,000	상표권	500,000	
1,200,000	1,500,000	창업비	300,000	
100,000	100,000	〈기타비유동자산〉		
100,000	100,000	임차보증금		

	5,148,000	〈유동부채〉	36,000,000	30,852,000
		지급어음	8,800,000	8,800,000
	1,150,000	미지급금	5,650,000	4,500,000
	150,000	예수금	300,000	150,000
	3,848,000	부가세예수금	4,250,000	402,000
		가수금	5,000,000	5,000,000
		단기차입금	12,000,000	12,000,000
		〈자본금〉	50,000,000	50,000,000
		자본금	50,000,000	50,000,000
	12,311,667	〈이익잉여금〉	24,623,334	12,311,667
		이월이익잉여금	12,311,667	12,311,667
	12,311,667	처분전이익잉여금	12,311,667	
	43,550,000	〈손익〉	43,550,000	
	43,550,000	손익	43,550,000	
	42,500,000	〈매출〉	42,500,000	
	10,750,000	〈매출원가〉	10,750,000	
	19,838,333	〈판매비와관리비〉	19,838,333	
	1,050,000	〈영업외수익〉	1,050,000	
	650,000	〈영업외비용〉	650,000	
96,578,667	380,576,000	합계	380,576,000	96,578,667

작성연습 1 【합계잔액시산표】

다음의 거래에 대하여 분개를 하고 합계잔액시산표를 작성해 보자.

문제1 12월1일 : 50,000,000원을 보통예금에 입금으로 출자하면서 법인설립하다.

【12월1일 분개】

(차)		(대)	
보통예금	50,000,000	자본금	50,000,000

문제2 12월2일 : 보통예금에서 500,000원을 출금하다.

【12월2일 분개】

(차)		(대)	
현금	500,000	보통예금	500,000

문제3 12월4일 : 상품 5,000,000원(부가세 500,000원)을 외상으로 구입하고, 운송료·보험료 등의 매입부대비용 55,000원(부가세 포함)을 추가로 현금 지출하다.

【12월4일 분개】

(차)		(대)	
상품	5,050,000	외상매입금	5,500,000
부가세대급금	505,000	현금	55,000

문제4 12월5일 : 상품 5,000,000원(부가세 500,000원)을 외상으로 판매하다.

【12월5일 분개】

(차)		(대)	
외상매출금	5,500,000	매출	5,000,000
		부가세예수금	500,000

문제5 12월10일 : 당사 직원의 특근교통비 30,000원을 현금으로 지급하다.

【12월10일 분개】

차변		대변	
(차) 여비교통비	30,000	(대) 현금	30,000

문제6 12월20일 : 외상매출금을 어음 1,500,000원으로 회수하다.

【12월20일 분개】

차변		대변	
(차) 받을어음	1,500,000	(대) 외상매출금	1,500,000

문제7 12월25일 : 외상매입금 지급하기 위하여 보유중인 약속어음 1,500,000원을 배서양도하다.

【12월25일 분개】

차변		대변	
(차) 받을어음	1,500,000	(대) 외상매출금	1,500,000

문제8 12월31일 : 기장수수료 300,000원(부가세 별도)을 현금으로 지급하다.

【12월31일 분개】

차변		대변	
(차) 지급수수료	300,000	(대) 현금	330,000
부가세대급금	30,000		

합계잔액시산표

2008년 12월 현재

(주)나토얀 (단위 : 원)

차변		계정과목	대변	
잔액	합계		합계	잔액
59,170,000	**218,178,000**	**유동자산**	**3,915,000**	
54,120,000	**58,035,000**	**〈당좌자산〉**	**3,915,000**	
85,000	500,000	현금	415,000	
49,500,000	50,000,000	보통예금	500,000	
4,000,000	5,500,000	외상매출금	1,500,000	
	1,500,000	받을어음	1,500,000	
535,000	535,000	부가세대급금		
5,050,000	**5,050,000**	**〈재고자산〉**		
5,050,000	5,050,000	상품		
	1,500,000	**〈유동부채〉**	**6,000,000**	**4,500,000**
	1,500,000	외상매입금	5,500,000	4,000,000
		부가세예수금	500,000	500,000
		〈자본금〉	**50,000,000**	**50,000,000**
		자본금	50,000,000	50,000,000
	12,311,667	**〈매출〉**	**5,000,000**	**5,000,000**
	12,311,667	상품매출	5,000,000	5,000,000
330,000	**330,000**	**〈판매비와관리비〉**		
30,000	30,000	여비교통비		
300,000	300,000	지급수수료		
59,500,000	**64,915,000**	**합계**	**64,915,000**	**59,500,000**

제17장
경리업무 참고자료

1. 장부의 비치 · 기장의 의무

모든 사업자는 장부를 비치 · 기장하여야 한다

- 소득세는 납세자 스스로 본인의 소득을 계산하여 신고 · 납부하는 세금입니다. 하지만, 소득의 계산은 납세자 임의의 방법으로 하는 것이 아니고 세법에 의한 장부를 기록 · 보관하고 이를 토대로 계산하여야 합니다.
- 법인세 납세의무자가 있는 모든 법인은 장부를 비치하고 복식부기에 의한 기장을 하여야 한다(법 제112조).
- 사업자는 사업규모에 따라 복식부기장부 또는 간편장부를 비치 · 기장하여야 하고, 이를 이행하지 않으면 여러가지 불이익을 받게 됩니다.

복식부기 의무자와 기장

- 복식부기의무자란 다음에 설명하는 간편장부대상자를 제외한 모든 사업자를 말합니다.
- 복식부기의무자는 사업의 재산상태와 손익거래 내용의 변동을 빠짐없이 이중으로 기록한 장부를 기록 · 보관하고 이를 기초로 작성된 대차대조표, 손익계산서 등을 신고서와 함께 제출하여야 합니다.

복식부기 기장의무면제법인

- 국내사업장이 없는 외국법인
- 제조업 등 사업소득 및 계속적 행위로 인한 채권매매이익이 발생하는 수익사업을 영위하지 아니하는 비영리내국법인
- 당기순이익과세 조합법인 등

간편장부대상자

- 직전년도의 수입금액이 아래에 해당하는 사업자를 말합니다.

업 종	직전년도 수입금액
① 농업 및 임업, 어업, 광업, 도매업 및 소매업, 부동산매매업, 기타 ②,③에 해당하지 아니하는 업	3억원 미만
② 제조업, 숙박 및 음식점업, 전기・가스 및 수도사업, 건설업, 운수업, 통신업, 금융 및 보험업	1억5천만원 미만
③ 부동산임대업, 사업서비스업, 교육서비스업, 보건 및 사회복지사업, 사회 및 개인서비스업, 가사서비스업	7천5백만원 미만

장부를 기장하지 않았을 때의 불이익

- 복식부기의무자는 신고를 하지 않은 것으로 인정되어 산출세액의 20% 또는 수입금액의 0.07%에 해당하는 신고불성실가산세를 물게됩니다.
- 간편장부대상자는 기장세액공제(10%)를 받지 못하고, 산출세액의 10%를 무기장 가산세로 물게됩니다.

  ※ 다만, 수입금액이 4,800만원미만인 소규모사업자는 무기장 가산세를 물지 않습니다.

- 수입보다 비용이 많아 결손금이 발생했더라도 이를 인정받지 못하고 세금을 내야 합니다.

무기장가산세(법 제76조 ① 1호)

- 산출세액×20/100
- 수입금액×7/10,000

MAX

2. 경비등 지출증빙제도

지출증빙서류의 수취 및 보관

⊙ 법인세법 제116조

① 법인은 각 사업연도에 그 사업과 관련된 모든 거래에 관한 증빙서류를 작성 또는 수취하여 제60조의 규정에 의한 신고기한이 경과한 날부터 5년간 이를 보관하여야 한다.

② 제1항의 경우에 법인이 대통령령이 정하는 사업자로부터 재화 또는 용역을 공급받고 그 대가를 지급하는 경우에는 다음 각호의 1에 해당하는 증빙서류를 수취하여 이를 보관하여야 한다. 다만, 대통령령이 정하는 경우에는 그러하지 아니하다.

1. 여신전문금융법에 의한 신용카드매출전표(신용카드와 유사한 것으로서 대통령령이 정하는 것을 사용하여 거래하는 경우에는 그 증빙서류를 포함한다)
2. 부가가치세법 제16조의 규정에 의한 세금계산서
3. 제121조 및 소득세법 제163조의 규정에 의한 계산서

⊙ 소득세법 제160조의 2

① 거주자가 부동산임대소득금액·사업소득금액·일시재산소득금액·기타소득금액 또는 산림소득금액을 계산함에 있어서 제27조의 규정에 의하여 필요경비를 계산하고자 하는 경우에는 그 비용의 지출에 대한 증빙서류를 수취하고 이를 확정신고기간 종료일부터 5년간 보관하여야 한다.

② 제1항의 경우 부동산임대소득·사업소득 또는 산림소득이 있는 자가 사업과 관련하여 사업자(법인을 포함한다)로부터 재화 또는 용역을 공급받고 그 대가를 지출하는 경우에는 다음 각호의 1에 해당하는 증빙서류를 수취하여야 한다. 다만, 대통령령이 정하는 경우에는 그러하지 아니한다.

1. 제163조 및 법인세법 제121조의 규정에 의한 계산서
2. 부가가치세법 제16조의 규정에 의한 세금계산서
3. 여신전문금융업법에 의한 신용카드매출전표(신용카드와 유사한 것으로서 대통령령이 정하는 것을 사용하여 거래하는 경우 그 증빙서류를 포함한다)

③ 제1항 및 제2항의 규정을 적용함에 있어서 비용지출에 대한 증빙서류의 수취·보관 기타 필요한 사항은 대통령령으로 정한다.

⊙ 3만원을 초과하는 거래
정규증빙의 수취의무는 재화나 용역의 공급대가가 각 거래단위별로 3만원을 초과하는 경우에만 적용된다(소득세법시행령 §208의 2 ① 1호, 법인세법시행령 §158 ② 1호). 여기서 3만원 초과 거래여부의 판단은 거래 1건별 영수증금액(부가가치세 포함금액)을 기준으로 판단하며 영수증을 분할하여 교부받은 경우에는 모두 합산한 금액을 1건으로 본다.
➔ 2003.12.31 이전에 개시하는 과세연도 까지는 10만원 이상임.

지출증빙으로 인정되는 정규영수증(법§116 ②, 영§158 ③)

❶ 지출증빙으로 인정되는 정규영수증은 다음 각호의 것을 말합니다.

1. 여신전문금융업법에 의한 신용카드 매출전표
   ※직불카드와 외국에서 발행한 신용카드 포함, 선불카드 제외
2. 현금영수증
3. 부가가치세법 제16조의 규정에 의한 세금계산서
4. 법인세법 제121조 및 소득세법 제163조의 규정에 의한 계산서

❷ 신용카드에 포함되는 것

"신용카드"라 함은 이를 제시함으로써 반복적으로 신용카드 가맹점에서 물품구입 또는 용역의 제공을 받을 수 있는 증표로서 금융감독위원회의 허가를 받은 자가 발행한 것으로
➔ 신용카드로 결제를 한 후 그 대금을 금융기관을 통하여 지급하는 백화점카드 등(「여신전문금융업법」에 의한 직불카드, 외국에서 발행된 신용카드 및 「조세특례제한법」 제126조의2 제1항의 규정에 의한 선불카드("직불카드등"이라 한다))을 포함하되
➔ 대금지급 수단이 아닌 이용금액을 누적관리하고 이에 따라 장려금 등을 지급하는 포인트카드(주유소 카드) 등은 신용카드로 보지 아니합니다.

❸ 법인이 재화 또는 용역을 공급받은 실제거래처와 다른 사업자의 명의로 교부된 세금계산서, 계산서 또는 신용카드 매출전표는

지출증빙으로 인정되는 정규영수증으로 보지 않습니다(기본통칙 116-158…1).

재화 또는 용역거래의 지출증빙 수취 의무

- 법인이 사업자로부터 재화 또는 용역을 공급받고 그 대가를 지급하는 경우에는 시행령 및 시행규칙에서 별도로 정하는 경우를 제외하고는 정규영수증을 수취하여 보관하여야 합니다.
- 따라서, 사업자가 아닌 자로부터 재화 또는 용역을 공급받거나, 재화 또는 용역의 공급대가 외의 지출액에 대하여는 정규영수증을 수취하지 아니하여도 됩니다.

➔ 그러나, 이 경우에도 영수증·입금표·거래명세서 등 기타증빙에 의하여 거래사실을 입증하여야 합니다.

사업자가 아닌 자와의 거래

❶ 사업자가 아닌 자와 거래는 거래 상대방이 세금계산서 또는 신용카드 매출전표를 교부할 수 없으므로 정규영수증 수취대상이 아닙니다.

(예) • 폐업한 사업자로부터 폐업시 잔존재화를 공급받는 경우
- 법인이 종업원 개인 소유차량을 취득하는 경우
- 별도 사업을 영위하지 아니하는 아파트관리사무소 등에 전기·수도요금 및 관리비를 납부하는 하는 경우 등

❷ 사업자의 범위(영§158 ①)

➔ 다음에 해당하는 법인을 제외한 법인

- 비영리법인(영§2 ①의 규정에 해당하는 수익사업과 관련된 부분은 제외)
- 국가 및 지방자치단체
- 금융보험업을 영위하는 법인 (금융보험용역에 한정)
- 국내사업장이 없는 외국법인

➜ 부가가치세법 §2의 규정에 의한 사업자

- 다만, 읍·면지역에 소재하는 부가가치세법§25의 규정에 의한 간이과세자로서 신용카드가맹점이 아닌 사업자를 제외합니다.

※ "사업자"라 함은 영리목적 유무에 불구하고 사업상 독립적으로 재화 또는 용역을 공급하는 자를 말하는 것으로(부가가치세법]§2), 사업자에는 사업자등록을 하지 아니한 자(미등록사업자)를 포함합니다. 다만, 사업상 독립적으로 재화·용역을 공급하는 것으로 보지 아니하는 경우에는 사업자에 해당하지 아니합니다.

☞ 별도 사업을 영위하지 아니하는 아파트관리사무소 등

➜ 소득세법§28의 규정에 의한 사업자

- 다만, 동법§120의 규정에 의한 국내사업장이 없는 비거주자를 제외합니다.

재화 또는 용역의 공급으로 보지 아니하는 거래

❶ 다음에 예시하는 거래는 재화 또는 용역의 공급대가로 보지 아니하므로 정규영수증 수취대상이 아님

➜ 조합 또는 협회에 지출하는 경상회비
➜ 판매장려금 또는 포상금 등 지급
➜ 종업원에게 지급하는 경조사비 등

☞ 재화·용역을 공급받은 대가를 회비 등의 명목으로 지급하는 경우 정규영수증 수취대상임.

재화 또는 용역의 공급대가로서 정규영수증 수취의무 면제거래

❶ 대금지급방법에 관계없이 정규영수증 수취를 면제하는 거래

⊙ 법인세법시행령§158 ②에서 규정하는 거래

➔ 공급받은 재화 또는 용역의 건당 거래금액(부가가치세 포함)이 3만원 미만인 경우

➔ 농·어민(한국표준산업분류에 의한 농업 중 작물생산업·축산업·복합농업, 임업 또는 어업에 종사하는 자를 말하며, 법인을 제외함)으로부터 재화 또는 용역을 직접 공급받는 경우

➔ 소득세법§127 ① 3호에 규정된 원천징수대상 사업소득자로부터 용역을 공급받은 경우(원천징수한 것에 한함)

⊙ 법인세법시행규칙§79에서 규정하는 거래

➔ 부가가치세법§ 6의 규정에 의하여 재화의 공급으로 보지 아니하는 사업의 양도에 의하여 재화를 공급받은 경우

➔ 부가가치세법§12 ① 7호의 규정에 의한 방송용역을 제공받은 경우

➔ 전기통신사업법에 의한 전기통신사업자로부터 전기통신 용역을 공급받은 경우

➔ 국외에서 재화 또는 용역을 공급받은 경우(세관장이 세금계산서 또는 계산서를 교부한 경우를 제외함)

➔ 공매·경매 또는 수용에 의하여 재화를 공급받은 경우

➔ 토지 또는 주택을 구입하거나 주택의 임대업을 영위하는 자(법인은 제외함)로부터 주택임대용역을 공급받은 경우

➔ 택시운송용역을 제공받은 경우

➔ 건물(토지를 함께 공급받은 경우에는 당해 토지를 포함하며, 주택을 제외함)을 구입하는 경우로서 거래내용이 확인되는 매매계약서 사본을 법인세과세표준신고서에 첨부하여 납세지 관할세무서장에게 제출하는 경우

➔ 소득세법시행령§208조의2 ① 3호의 규정에 의한 금융·보험용역을 제공받은 경우

➔ 국세청장이 정하여 고시한 전산발매통합관리시스템에 가입한 사업자로부터 입장권·승차권·승선권 등을 구입하여 용역을 제공받은 경우

➔ 항공기의 항행용역을 제공받은 경우

➔ 부동산 임대용역을 제공받은 경우로서 부가가치세법시행령§49의2 ①의 규정을 적용받는 전세금 또는 임차보증금에 대한 부가가치세액을 임차인이 부담하는 경우

➔ 재화공급계약·용역공급계약 등에 의하여 확정된 대가의 지급지연으로 인하여 연체이자를 지급하는 경우

❷ 금융실명거래및비밀보장에관한법률에 의한 금융기관을 통하여 재화 또는 용역의 거래금액을 지급한 경우로서 법인세과세표준 신고서에 송금사실을 기재한 「경비 등의 송금명세서」를 첨부하여 납세지 관할세무서장에게 제출하는 다음의 거래

➔ 부가가치세법§25의 규정을 적용받는 사업자로부터 부동산 임대용역을 제공받은 경우
➔ 임가공용역을 제공받은 경우(법인과의 거래를 제외함)
➔ 운수업을 영위하는 자(부가가치세법§25의 규정을 적용받는 사업자에 한함)가 제공하는 택시운송용역 외의 운송용역을 제공받은 경우
➔ 부가가치세법§25의 규정을 적용받는 사업자로부터 조세특례제한법시행령 §110 ④ 각호의 규정에 의한 재활용폐자원 등이나 자원의절약과재활용촉진에관한법률§2,1호의 규정에 의한 재활용가능자원(동법시행규칙 별표1, 제1호 내지 제9호에 열거된 것에 한함)을 공급받은 경우
➔ 국세청장이 정하여 고시한 다음의 경우(제1999-43호, '99.12.10)
· 인터넷, PC통신 및 TV홈쇼핑을 통하여 재화 또는 용역을 공급받은 경우
· 우편송달에 의한 주문판매를 통하여 재화를 공급받은 경우

경비 등의 송금명세서

1.공급받은 자

① 법 인 명(상 호)		② 사업자등록번호	- -
③ 성 명		④ 주민등록번호	-

2. 거래 및 송금내역, 공급자

⑤ 일련 번호	⑥ 거래 일자	⑦ 법인명 (상호) / ⑧ 성 명	⑨ 사업자 등록번호	⑩ 거래 내역	⑪ 거래 금액	⑫ 송금 일자	⑬ 은행명 / ⑭ 계좌번호
계							

근거 : 국세청 고시99-43, 1999.12.10

작성요령

1. 본 명세서는 법인 및 부동산임대소득 · 사업소득 · 산림소득이 있는 거주자(소득세법 제27조의 필요경비를 계산하고자 하는 경우에 한함)가 10만원 이상의 재화 또는 용역을 공급받고 그 대가를 소득세법시행규칙 제95조의 2 제9호 및 법인세법시행규칙 제79조 제10호의 규정에 의하여 금융기관을 통하여 지급하는 다음의 각목의 거래에 대하여 작성합니다.
   가. 간이과세자 또는 과세특례자로부터 부동산 임대용역, 운송용역(택시제외)을 공급받는 경우
   나. 법인이 아닌 자로부터 임가공용역을 공급받는 경우
   다. 간이과세자 또는 과세특례자로부터 조세특례제한법시행령 제110조 제4항 각호의 재활용폐자원 등 및 자원의절약과재활용의촉진에 관한법률 제2조제1호의 규정에 의한 재활용가능자원(동법시행규칙 별표1 제1호 내지 제9호에 열거된 것에 한한다)을 공급 받는 경우
   라. 인터넷, PC통신 및 TV홈쇼핑을 통하여 재화 또는 용역을 공급 받는 경우
   마. 우편송달에 의한 주문판매를 통하여 재화를 공급받은 경우

2. 「2.거래 및 송금내역, 공급자」는 거래일자 순으로 거래상대방의 인적사항과 거래내역 등을 기재합니다.

3. ⑩란은 공급받은 재화 또는 용역의 품명, 내용 등을 기재합니다.

4. ⑭란은 무통장입금, 계좌자동이체, 자로송금시 거래상대방의 계좌번호 또는 지로번호를 기재합니다.

정규영수증 미수취에 대한 제재

법인이 정규영수증을 수취하여야 하는 재화 또는 용역을 공급받고 이를 수취하지 아니한 경우에는 2000.1.1. 이후 재화 또는 용역을 공급받는 분부터 수취하지 아니한 금액(부가가치세를 포함한 거래금액)의 2%의 법인세로서 징수합니다(법§76 ⑤).

※법인세 산출세액이 없는 경우에도 적용됨

❶ 가산세 적용 제외 법인

→ 국가 · 지방자치단체

→ 비영리법인(영§2 ①의 수익사업과 관련된 부분은 제외)

❷ 정규영수증을 수취하지 아니하여 손금에 산입하지 아니하는 접대비에 대하여는 위 가산세를 적용하지 아니함

※ 접대비를 제외하고 정규영수증을 수취하지 아니하여 가산세가 부과되는 경우에도 기타의 증빙서류에 의하여 거래사실이 확인되는 경우에는 그 거래금액을 법인의 경비 등으로 인정합니다.

접대비 지출액에 대한 지출증빙 수취의무

법인이 1회의 접대에 지출한 접대비가 3만원을 초과하는 경우 정규영수증을 수취하여야 하며 이를 수취하지 아니한 경우에는 당해 접대비를 손금에 산입하지 아니합니다.

※ 종전에는 5만원 이상의 접대비에 대하여 적용하였으나, 2000.12.29이 속하는 사업연도에 손금산입하는 분부터는 5만원을 초과하여 지출한 접대비에 대하여 적용합니다(2000.12.29. 개정영 부칙§4).

❶ 접대비 지출액 중

→ 법인이 직접생산한 제품 등으로 제공한 접대비(규칙§20 ②)와 매출채권 임의포기금액(재경부 법인 46012-155, 2000.10.16)에 대하여는 법§25 ②에 의한 신용카드 등의 사용의무가 면제됩니다.

♣ **참고**

- 법인이 접대비로 신용카드를 사용하여 지출하는 경우 2001.1.1. 이후 최초로 개시하는 사업연도에 지출하는 분부터는 당해 법인의 명의로 발급받은 신용카드만을 사용하여야 합니다(영§41 ⑥, '99.12.31.개정영 부칙§ 5).
  → 이 경우 법인의 명의와 당해 법인의 사용인의 명의가 함께 기재되고 신용카드 이용에 따른 대금의 상환이 일차적으로 사용인 개인 계좌에서 결제되나, 최종적으로 해당 법인이 연대하여 책임지는 형태로 발급된 신용카드(법인개별카드)의 경우 "당해법인의 명의로 발급받은 신용카드"로 봅니다(재경부 법인 46012-150, 2000.10.12).
- 또한 2001.1.1. 이후 개시하는 사업연도에 지출하는 접대비 중 재화 또는 용역을 공급하는 신용카드가맹점과 다른 위장가맹점 등의 명의로 작성된 신용카드 매출전표를 교부받은 경우 신용카드를 사용하여 지출한 접대비로 보지 아니합니다.
  → 위장가맹점 등으로부터 교부받은 매출전표 등이라 함은 매출전표에 기재된 상호 및 사업장소재지가 재화 또는 용역을 공급하는 신용카드 등의 가맹점의 상호 및 사업장소재지와 다른 경우를 말합니다.

지출증빙 사례

♣ **참고예규**

【비영리법인의 지출증빙 수취 대상】
수익사업과 비수익사업을 겸영하는 비영리법인이 수익사업과 관련하여 사업자로부터 재화나 용역을 공급받은 경우에 법인세법시행령(2000.12.29 대통령령 제17033호로 개정된 것) 제158조 제2항 각호에 규정된 거래 외에는 같은법 제116조 제2항 각호의 지출증빙서류를 수취하여야 하는 것으로 이를 수취하지 아니한 경우에는 같은법 제76조 제5항의 규정에 의한 가산세를 납부하여야 하는 것이나, 비수익사업의 운영과 관련하여 사업자로부터 재화나 용역을 공급받은 경우에는 가산세부과 대상이 아님(법인 46012-269, 2001.2.1).

♣ 참고예규

【금융보험업을 영위하는 법인의 지출증빙 수취 대상】
법인이 금융보험업과 그외의 사업을 함께 영위하는 법인으로부터 금융보험용역을 제공받은 경우에는 법인세법시행규칙 제79조 제9호의 규정에 의하여 지출증빙서류의 수취 특례에 해당하는 것이나, 금융보험업 이외의 사업에 속하는 재화 또는 용역을 공급받은 경우에는 지출증빙서류 수취의무 대상임(법인 46012- 268, 2001,2,1).

【신문광고전단지 보급용역을 제공받은 경우 지출증빙 수취 대상】
신문전단 광고업무를 대행하는 법인이 부가가치세법 제25조의 규정에 의한 간이과세자인 신문보급업자(읍・면지역에 소재하는 자로서 여신전문금융업법에 의한 신용카드가맹점이 아닌 사업자를 제외)로부터 건당 거래금액이 10만원(부가가치세 포함) 이상의 전단지 보급 용역을 제공받은 경우법인세법시행령 제158조 제2항 각호에 규정된 거래외에는 같은법 제116조 제2항 각호의 지출증빙서류를 수취하여야 하는 것으로 이를 수취하지 아니한 경우에는 같은법 제76조 제5항의 규정에 의한 가산세를 납부하여야 하는 것임(법인 46012-14, 2001.1.4).

【"건당거래금액"의 판단기준】
법인이 사업자로부터 건당 거래금액(부가가치세 포함)이 10만원 이상인 재화 또는 용역을 공급받고 그 대가를 지급하는 경우 법인세법 제116조 및 같은법 시행령 제158조의 규정에 의하여 세금계산서 등의 증빙서류를 수취하여야 하는 것이나, 세금계산서나 계산서가 아닌 영수증을 교부받는 경우에는 부가가치세법 제3조의 규정에 의하여 재화 또는 용역을 공급받은 때마다 영수증을 교부받아야 하는 것이므로 영수증상의 거래금액을 기준으로 법인세법 제76조 제5항의 규정에 의한 가산세 적용여부를 판단하는 것임(법인 46012-2392, 2000.12.16)

【신용카드 사용내역을 일괄통보 받은 경우】
법인세법 제116조 제2항 제1호의 규정을 적용함에 있어서 여신전문금융업법에 의한 신용카드업자가 신용카드 이용법인의 신용카드 사용내역을 월별로 일괄하여 통보하는 경우 당해 통보서에 의하여 신용카드의 이용자・재화 또는 용역을 공급한 자・이용일자・이용금액 및 이용내역 등 여신전문금융업법에 의한 매출전표의 기재내용을 확인할 수 있는 경우에는 같은 규정에 의한 지출증빙서류로 볼 수 있는 것임(법인 46012-133, 2000.1.14)

♣ 참고예규

【미등록 사업자 등과의 거래시 지출증빙】
법인세법시행령 제158조 제1항 각호의 1에 해당하는 사업자가 아닌 비거주자로부터 인적용역을 공급받고 그 대가를 지급하는 경우에는 법인세법 제116조의 규정에 의한 지출증빙서류 수취대상은 아니나, 인적용역에 대한 대가를 지급하는 사실을 입증하는 증빙서류를 갖춘 후 동법 제120조의 규정에 의한 지급조서를 제출하여야 하는 것이며, 미등록 사업자로부터 부동산 임대용역을 공급받는 경우에도 법인세법 제116조 제2항 제1호 및 제2호의 규정에 의한 지출증빙(다만, 부가가치세법 제25조의 규정에 의한 간이과세자 또는 과세특례자에 해당하는 임대사업자로부터 부동산 임대용역을 공급받은 경우에는 법인세법시행규칙 제79조 제10호의 규정에 의한 경비 등의 송금명세서에 의할 수 있음)의 수취 대상에서 제외되는 것이 아님(법인 46012-199, 2000.1.20)

【사용인에게 지급하는 경조사비·여비 및 일용근로자에 대한 급여】
법인세법 제116조 제2항의 지출증빙서류 수취에 관한 규정은 같은법시행령 제158조 제1항에서 규정하는 사업자로부터 재화 또는 용역을 공급받고 그 대가를 지급하는 경우에 적용하는 것으로 법인이 사업자로부터 재화 또는 용역을 공급받고 그 대가를 지급하는 경우가 아닌 사용인에게 지급하는 경조사비, 여비중 일비, 자가운전보조금 및 일용근로자에게 대한 급여, 건물파손보상금 등의 경우에는 동 규정을 적용하지 아니하는 것임(법인 46012-296, 99.1.23)

【공동주택자치관리기구에 지출하는 관리비에 대한 지출증빙】
법인이 사업상 독립적으로 재화 또는 용역을 공급하는 사업자에 해당하지 아니하는 주택건설촉진법 제38조 및 공동주택관리령 제11조의 공동주택자치관리기구 또는 집합건물의소유및관리에관한법률 제23조의 규정에 의한 관리단에게 공동주택 및 집합건물에 대한 관리비를 지출하는 경우에는 법인세법 제116조 제2항 및 같은법 제76조 제5항의 규정이 적용되지 아니하는 것임(법인 46012-351, 2000.2.8)

【가내부업적인 용역을 제공받은 경우 지출증빙서류】
법인이 가정주부로부터 가내부업적인 용역을 제공받고 소득세법 제14조 제3항 제2호에 해당하는 대가를 지급하는 경우에는 법인세법 제116조 제2항의 지출증빙서류 수취대상에서 제외되는 것임(법인 46012-77, 2000.1.11)

3. 주요 경리세무서식

[별지 제36호서식(1)]

원천징수세액환급신청서				처리기간 15 일
징 수 의무자	① 상호(법인명)		② 사업자등록번호	- -
	③ 사업장소재지			

환 급 신 청 내 역

④ 소득의 종 류	당초 원천징수		⑦ 결 정 된 원천징수 세 액	⑧ 환급할세액 (⑥-⑦)	⑨ 조정환급한 세액	⑩ 환 급 신청액
	⑤ 납부일자	⑥ 징수세액				

국세환급금계좌신고	
⑪ 예 입 처	은행 본·지점
⑫ 예금종류	예금
⑬ 계좌번호	

신청인은 「소득세법 시행규칙」 제93조제2항에 따라 원천징수세액환급신청서를 제출하며, 위 내용을 충분히 검토하였고 신청인이 알고 있는 사실 그대로를 정확하게 기재하였음을 확인합니다.

년 월 일

신청인 (서명 또는 인)

귀하

※ 첨부서류 : 1. 원천징수이행상황신고서(별지 제21호 서식)
2. 근로소득지급조서[별지 제24호서식(1)]
3. 소득자별 환급신청 내역

[별지 제21호서식(1)]

①신고구분					원천징수이행상황신고서	②귀속연월	년 월
매월	반기	수정	연말	소득처분		③지급연월	년 월

원천징수의무자	법인명(상호)		대표자(성명)		일괄납부 여부	여, 부
	사업자(주민) 등록번호		사업장소재지		전화번호	

Ⅰ. 원천징수내역 및 납부세액(단위 : 원)

구분		코드	원천징수내역					⑨ 당월조정 환급세액	납부 세액	
			소득지급 (과세미달, 비과세 포함)		징수세액				⑩ 소득세 등 (가산세포함)	⑪ 농어촌 특별세
			④인원	⑤총지급액	⑥소득 세 등	⑦농어촌 특별세	⑧ 가산세			
근로소득	간이세액	A01								
	중도퇴사	A02								
	일용근로	A03								
	연말정산	A04								
	가감계	A10								
퇴직소득		A20								
사업소득	매월징수	A25								
	연말정산	A26								
	가감계	A30								
기타소득		A40								
연금소득		A45								
이자소득		A50								
배당소득		A60								
저축해지 추징세액		A69								
비거주자 양도소득		A70								
법인원천		A80								
수정신고(세액)		A90								
총합계		A99								

Ⅱ. 환급세액 조정 (단위 : 원)

전월 미환급 세액의 계산			당월발생 환급세액			⑱ 조정대상 환급세액 (⑭+⑮+⑯+⑰)	⑲ 당월 조정 환급세액 계	⑳ 차월이월 환급세액 (⑱-⑲)
⑫전월 미환급 세액	⑬기환급 신청세액	⑭차감잔액 (⑫-⑬)	⑮ 일반환급	⑯신탁 재산 (금융기관)	⑰기타			

원천징수의무자는 「소득세법 시행령」 제185조제1항에 따라 위의 내용을 제출하며, 위 내용을 충분히 검토하였고 원천징수의무자가 알고 있는 사실 그대로를 정확하게 기재하였음을 확인합니다.

년 월 일

원천징수의무자 (서명 또는 인)

세무대리인은 조세전문자격자로서 위 신고서를 성실하고 공정하게 작성하였음을 확인합니다.

세무대리인 (서명 또는 인)

세무서장 귀하

신고서 (부표) 작성 여부	
작성하였음	( )
작성대상 아님	( )
세무대리인	
성명	
사업자 등록번호	
전화번호	

원천징수의무자 전자우편 주소	@

※ 참고사항 : 신고서(부표) 작성 여부란에는 원천징수이행상황신고서(부표) 작성 여부를 해당란의 ( )안에 "○"표시를 합니다. 다만, 이자소득(A50), 배당소득(A60), 법인원천(A80)에 해당하는 소득을 지급하거나 저축해지추징세액(A69) 및 연금저축해지가산세를 징수한 원천징수의무자 및 비거주자에게 양도소득(A70)·사업소득 및 기타소득을 지급한 원천징수의무자는 반드시 원천징수이행상황신고서(부표)를 작성하여 신고하여야 합니다.

[별지 제24호서식(1)] (제1쪽)

관리번호	

□ 근로소득원천징수영수증
□ 근 로 소 득 지 급 조 서
(발행자 보고용)

거주구분	거주자1/비거주자2		
내・외국인	내국인1 /외국인9		
외국인단일세율적용	여 1 / 부 2		
거주지국		거주지국코드	

징 수 의무자	①법 인 명 (상 호)		② 대 표 자 (성 명)	
	③ 사 업 자 등 록 번 호	- -	④주민(법인)등록번호	-
	⑤소 재 지 (주소)			
소득자	⑥성 명		⑦주 민 등 록 번 호	-
	⑧주 소			
⑨귀속연도		부터 까지	⑩감면기간	부터 까지

근무처별소득명세	구 분	주(현)	종(전)	종(전)	⑯-1납세조합	합 계
	⑪근 무 처 명					
	⑫ 사 업 자 등 록 번 호					
	⑬급 여					
	⑭상 여					
	⑮인 정 상 여					
	⑮-1 주식매수선택권 행사이익					
	⑯ 계					

비과세 소 득	⑰국외근로	⑱야간근로수당	⑱-1연구활동비	⑲그 밖의 비과세	⑳계[⑰+⑱+(⑱-1)+⑲]

정산명세							
	㉑총 급 여 (⑯)			그 밖의 소득공제	㊸개인연금저축소득공제	
	㉒근 로 소 득 공 제				㊹연 금 저 축 소 득 공 제	
	㉓근 로 소 득 금 액				㊺투자조합출자등소득공제	
종합소득공제	기본공제	㉔본 인			㊻신 용 카 드 등 소 득 공 제	
		㉕배 우 자			㊼우리사주조합소득공제	
		㉖부 양 가 족(명)			㊽	
	추가공제	㉗경 로 우 대(명)			㊾그 밖의 소득공제 계	
		㉘장 애 인(명)		㊿종 합 소 득 과 세 표 준		
		㉙부 녀 자		(51)산 출 세 액		
		㉚자녀양육비(명)		세액감면	(52)「 소 득 세 법 」	
	㉛다 자 녀 추 가 공 제 (명)				(53)「 조 세 특 례 제 한 법 」	
	㉜연 금 보 험 료 공 제				(54)	
	㉜- 1 국 민 연 금 보 험 료 공 제					
	㉝퇴 직 연 금 소 득 공 제				(55)감 면 세 액 계	
	특별공제	㉞보 험 료		세액공제	(56)근 로 소 득	
		㉟의 료 비			(57)납 세 조 합 공 제	
		㊱교 육 비			(58)주 택 차 입 금	
		㊲주 택 자 금			(59)기 부 정 치 자 금	
		㊳기 부 금			(60)외 국 납 부	
		㊴혼인・이사・장례비			(61)	
		㊵ 계			(62)	
		㊶표 준 공 제			(63)세 액 공 제 계	
	㊷차 감 소 득 금 액			결 정 세 액 ((51)- (55)- (63))		

세액명세	구 분		소 득 세	주 민 세	농어촌특별세	계
	(64)결 정 세 액					
	기납부 세 액	(65)종 (전) 근 무 지				
		(66)주 (현) 근 무 지				
	(67)차 감 징 수 세 액					

위의 원천징수액(근로소득)을 영수(지급)합니다.

년 월 일

징수(보고)의무자 (서명 또는 인)

세무서장 귀하

(제2쪽)

⑱소득공제 명세(인적공제항목은 해당란에 "○"표시를 하며, 각종 소득공제 항목은 공제를 위하여 실제 지출한 금액을 기재합니다)

번호	관계코드 내·외국인	성 명 주민등록번호	인적공제 항목 기본공제 부녀자공제	장애인공제 경로우대공제	자녀양육비공제 다자녀추가공제	구분	각종 소득공제 항목 보험료	의료비	교육비	신용카드등	현금영수증	기부금
계		명				국세청자료						
						그 밖의 자료						
		(근로자 본인)	○			국세청자료						
						그 밖의 자료						
						국세청자료						
						그 밖의 자료						
						국세청자료						
						그 밖의 자료						
						국세청자료						
						그 밖의 자료						
						국세청자료						
						그 밖의 자료						
						국세청자료						
						그 밖의 자료						
						국세청자료						
						그 밖의 자료						
						국세청자료						
						그 밖의 자료						
						국세청자료						
						그 밖의 자료						

※ 작성방법

1. 거주지국과 거주지국코드는 외국인에 해당하는 경우에 한하여 기재하며, 국제표준화기구(ISO)가 정한 ISO코드 중 국명약어 및 국가코드를 기재합니다.
2. 원천징수의무자는 지급일이 속하는 연도의 다음 연도 2월 말일(휴업 또는 폐업한 경우에는 휴업일 또는 폐업일이 속하는 달의 다음 다음 달 말일을 말합니다)까지 지급조서를 제출하여야 합니다.
3. 갑종근로소득과 을종근로소득을 합산하여 연말정산시 ⑯-1납세조합란에 을종근로소득납세조합과 을종근로소득을 ⑪란과 ⑬란에 각각 기재하고, ㊼납세조합공제란을 기재합니다.
4. 종합소득 특별공제(㉞~㊴)란과 그 밖의 소득공제(㊸~㊼)란은 별지 제37호서식의 공제액을 기재합니다.
5. ㊼차감징수세액이 소액부징수(1천원 미만을 말합니다)에 해당하는 경우 세액을 "0"으로 기재합니다.
6. ⑱소득공제 명세란은 2006년 이후 발생하는 근로소득 연말정산분부터 사용합니다.
   가. 관계코드란 ; 소득자 본인=0, 소득자의 직계존속=1, 배우자의 직계존속=2, 배우자=3, 직계비속=4, 형제자매=5, 기타=6을 기재합니다(4·5·6의 경우 소득자와 배우자의 각각의 관계를 포함합니다).
   나. 내·외국인란 : 내국인의 경우 "1"로, 외국인의 경우 "9"로 기재합니다.
   다. 인적공제항목란 : 인적공제사항이 있는 경우 해당란에 "○" 표시를 합니다(해당 사항이 없을 경우 비워둡니다).
   라. 국세청 자료란 : 「소득세법」 제165조에 따라 국세청 홈페이지에서 제공하는 각 소득공제 항목의 금액 중 소득공제대상이 되는 금액을 기재합니다.
   마. 그 밖의 자료란 : 국세청에서 제공하는 증빙서류 외의 것을 말합니다(예를 들면, 학원비 지로납부영수증은 "신용카드 등"란에, 시력교정용 안경구입비는 의료비란에 각각 기재합니다).
   바. 각종 소득공제 항목란 : 소득공제항목에 해당하는 실제 지출금액을 기재합니다(소득공제액이 아닌 실제 사용금액이 금액단위별로 구분된 범위 안에 기재되도록 작성합니다).

[별지 제24호서식(2)] (제1쪽)

관리번호	

퇴직소득원천징수영수증/지급조서

(○○○보고용)

거주구분	거주자1 / 비거주자2		
내·외국인	내국인1/ 외국인9		
거주지국		거주지국코드	

징수 의무자	①사업자등록번호		②법인명(상호)	
	③대 표 자(성명)		④법인(주민)등록번호	
	⑤소 재 지(주소)			
소득자	⑥성 명		⑦주민등록번호	
	⑧주 소			

⑨귀 속 연 도	부터 까지	

	근 무 처 구 분	(101) 주(현)	(102) 종(전)	(103) 종(전)	(104) 합 계
근무처별소득명세	⑩근 무 처 명				
	⑪사 업 자 등 록 번 호				
	⑫퇴 직 급 여				
	⑬명예퇴직수당(추가퇴직금)				
	⑭퇴 직 연 금 일 시 금(⑳)				
	⑮ 계				
⑮-1 비과세소득					

	구 분	⑯총수령액	⑰원리금 합계액	⑱소득 자불입액	⑲퇴직연금 소득공제액	⑳퇴직연금일시금 ⑯×[1-(⑱-⑲)/⑰]
퇴직 연금 명세	주(현)근무지					
	종(전)근무지					

	㉑퇴직연금일시금지급예상액	㉒총일시금 ㉑×[1-(⑱-⑲)/⑰]	㉓수령가능퇴직급여액 (⑫+⑬+㉒)	㉔환산퇴직소득공제	㉕환산퇴직소득 과세표준	㉖환산 연평균과세표준(㉕÷㉝)	㉗환산 연평균 산출세액
세액 환산 명세							

	구 분	㉘입사연월일	㉙퇴사연월일	㉚근속월수	㉛제외월수	㉜중복월수	㉝근속연수
근속 연수	주(현)근무지						
	종(전)근무지						

정산명세	㉞퇴직급여액(⑮)		㊳연평균산출세액	
	㉟퇴직소득공제		㊴산출세액(㊳×㉝,㉗×㉝×⑮/㉓)	
	㊱퇴직소득과세표준		㊵결정세액(㊴)	
	㊲연평균과세표준(㊱÷㉝)		㊶	

	구 분	소득세	주민세	농어촌특별세	계
납부명세	㊷결 정 세 액(㊵)				
	㊸종(전)근무지 기납부세액				
	㊹차감원천징수세액(㊷-㊸)				

위의 원천징수액(퇴직소득)을 영수(지급)합니다.

년 월 일

징수(보고)의무자 (서명 또는 인)

세무서장 귀하

[별지 제74호의5서식] (앞 쪽)

신용카드등사용금액확인서

사용인	성 명		주민등록번호	-
	주 소			

	연 월	① 신용카드 등 사용금액			② 공제제외 대상금액 및 비정상적 사용금액			③ 소득공제대상금액(①-②)		
		신용카드	직불카드	기명식 선불카드	신용카드	직불카드	기명식 선불카드	신용카드	직불카드	기명식 선불카드
신용카드 등 사용금액	년 월									
	직전년도 부정사용금액									
	합 계									

사용목적	근로소득 소득공제신청서(연말정산용) 첨부서류	처리기간	즉시

「조세특례제한법 시행령」 제121조의2제7항에 따라 신용카드를 사용하였음을 증명하여 주시기 바랍니다.

년 월 일

신청인(사용자) 인

「조세특례제한법 시행령」 제121조의2제7항에 따라 위와 같이 신용카드를 사용하였음을 통지합니다.

년 월 일

(회사명) 인

[별지 제74호의6서식] (앞쪽)

신용카드등사용금액에 대한 소득공제 신청서

소 득 자 성 명		주민등록번호	-
근 무 처 명 칭		사업자등록번호	- -

1. 공제대상자 및 공제대상금액 명세

공제대상자				신용카드 등 공제대상금액						의료기관 사용액		
① 내・외국인 구분	② 관계	③ 성명	④ 주민등록번호	구 분	⑤ 합 계 (⑥+⑦+⑧-⑨)	⑥ 신용카드, 직불카드, 기명식 선불카드	⑦ 학원비 지로 납부액	⑧ 현금 영수증	⑨ 사업 관련 비용	⑩ 합계 (⑪+⑫)	⑪ 신용카드, 직불카드, 기명식 선불카드	⑫현금 영수증
	본인		-	국세청자료								
				그밖의자료								
			-	국세청자료								
				그밖의자료								
			-	국세청자료								
				그밖의자료								
			-	국세청자료								
				그밖의자료								
합 계				국세청자료								
				그밖의자료								

2. 의료비공제를 받은 의료기관 사용액의 계산

⑬의료기관 사용액합계 (⑩)	의료비 공제를 받지 못한 의료기관 사용액의 계산				⑱의료비공제를 받은 의료기관 사용액 (⑬-⑯-⑰) ※ 단, ⑮의료비공제금액이 0인 경우는 0으로 기재
	⑭의료비 지급액	⑮의료비 공제금액	⑯의료비 미공제액 (⑭-⑮)	⑰기본공제대상자가 아닌자를 위해 사용한 신용카드 등의 의료기관 사용액	

3. 신용카드 등 소득공제액의 계산

⑲총급여	⑳총급여의15% (⑲×15%)	㉑공제대상금액 중 총급여의 15% 초과 사용액 [(⑤-⑱)-⑳]	㉒공제 가능액 (㉑×15%)	㉓공제한도액 (5백만원과 ⑲×20%중 적은 금액)	㉔소득공제액 (㉒과 ㉓중 적은 금액)

「조세특례제한법 시행령」 제121조의2제8항에 따라 신용카드등 사용금액에 대한 소득공제를 신청합니다.

년 월 일

신 청 인 인(서명)

귀하

※ 첨부서류

1. 신용카드등사용금액 확인서(별지 제74호의5 서식) 또는 국세청홈페이지에서 제공하는 신용카드 사용금액 내역을 출력한 서류
2. 학원비 지로납부영수증
3. 의료비영수증, 신용카드매출전표 등 의료비의 대상자과 금액을 확인할 수 있는 자료(⑰기본공제대상자 외의 자를 위한 의료비 신용카드사용액에 해당되는 경우에 한합니다)

[별지 제40호 서식(1)] (제3쪽)

관리번호	-

(년 귀속)종합소득세·농어촌특별세·주민세 과세표준확정신고 및 자진납부계산서

거주구분	거주자1 /비거주자2	
내·외국인	내국인1 /외국인9	
외국인단일세율적용	여 1 / 부 2	
거주지국		거주지국코드

❶기본사항

①성 명		②주민등록번호	-

③주 소	도·시	구·군	동·읍·면	가·리	번지	호	아파트·연립 등	동	호

④주소지 전화번호		⑤사업장 전화번호	
⑥휴 대 전 화		⑦전자우편주소	
⑧신 고 유 형	11자기조정 12외부조정 20간편장부 31추계－기준율 32추계－단순율 40비사업자		
⑨기 장 의 무	1복식부기의무자 2간편장부대상자 3비사업자		
⑩신 고 구 분	10정기신고 20수정신고 30경정청구 40기한후신고 50추가신고(인정상여)		

❷환급금 계좌신고	⑪금융기관/체신관서명		⑫계좌번호	
❸세무대리인	⑬성 명		⑭전화번호		⑮대리구분	1기장 2조정 3신고
	⑯관리번호	-			⑰조정반번호	-

❹세액의 계산

구 분		종합소득세		주 민 세		농어촌특별세
종합소득금액	㉑					
소득공제	㉒					
과세표준(㉑－㉒)	㉓		㊶		51	
세율	㉔		㊷	10%	52	
산출세액	㉕		㊸		53	
세액감면	㉖					
세액공제	㉗					
결정세액(㉕－㉖－㉗)	㉘				54	
가산세	㉙				55	
추가납부세액 (농어촌특별세의 경우에는 환급세액)	㉚				56	
합계(㉘＋㉙＋㉚)	㉛				57	
기납부세액	㉜		㊹		58	
차감 납부(환급)할 총세액(㉛－㉜)	㉝		㊺		59	
차감 분납할 세액(45일 내)	㉞				60	
차감 신고기한 내 납부할 세액(㉝－㉞)	㉟		㊻		61	

「소득세법」 제70조·「농어촌특별세법」 제7조 및 「지방세법」 제177조의4와 「국세기본법」 제45조 내지 제45조의 3에 따라 신고함에 있어 **위 내용을 충분히 검토하였고 신고인이 알고 있는 사실 그대로를 정확하게 기재하였음을 확인합니다.**

년 월 일

신고인 (서명 또는 인)

세무대리인은 조세전문자격자로서 위 신고서를 성실하고 공정하게 작성하였음을 확인합니다.

세무대리인 (서명 또는 인)

접수(영수)일자

세무서장 귀하

※ 첨부서류(각 1부) : 제1쪽 참조 | 전산입력필 (인)

[별지 제1호서식] (앞 쪽)

법인세 과세표준 및 세액신고서	처리기간
	즉 시

①사업자등록번호			②법인등록번호		
③법인명			④전화번호		
⑤대표자성명			⑥전자우편주소		
⑦소재지					
⑧업태		⑨종목		⑩주업종코드	
⑪사업연도	. . . ~ . . .		⑫수시부과기간	. . . ~ . . .	

⑬법인구분		1. 내국 2.외국 3.외투(비율 %)			⑭조정구분	1. 외부 2. 자기
⑮종류별구분		중소	일반	당기순이익과세	⑯외부감사대상	1. 여 2. 부
영리법인	상장법인	11	12		⑰신고구분	1. 정기신고
	코스닥상장법인	21	22			2. 수정신고(가.서면분석, 나.기타)
	기타법인	30	40			3. 기한후 신고
비영리법인		60	70	50		4. 중도폐업신고
⑱법인유형별구분			코드		⑲결산확정일	
⑳신고일					㉑납부일	
㉒신고기한연장승인		1. 신청일			2. 연장기한	

구분	여	부	구분	여	부
㉓주식변동	1	2	㉔장부전산화	1	2
㉕사업연도의제	1	2	㉖결손금소급공제 법인세환급신청	1	2
㉗감가상각방법(내용연수)신고서 제출	1	2	㉘재고자산등평가방법신고서 제출	1	2

구분	법인세		
	법인세	토지 등 양도소득에 대한 법인세	계
㉙수입금액	(	)	
㉚과세표준			
㉛산출세액			
㉜총부담세액			
㉝기납부세액			
㉞차감납부할세액			
㉟분납할세액			
㊱차감납부세액			
㊲실납부세액			

㊳조정반번호		㊵조정자	성명	
㊴조정자관리번호			사업자등록번호	

국세환급금계좌신고		신고인은 「법인세법」 제60조 및 「국세기본법」 제45조의3에 따라 위의 내용을 신고하며, 위 내용을 충분히 검토하였고 **신고인이 알고 있는 사실 그대로를 정확하게 기재하였음을 확인합니다.** 신고인(대표자) (서명 또는 인)
㊶예입처	은행 (본)지점	
㊷예금종류	예금	**세무대리인은 조세전문자격자로서 위 신고서를 성실하고 공정하게 작성하였음을 확인합니다.** 세무대리인 (서명 또는 인)
㊸계좌번호		세무서장 귀하

※ 첨부서류
1. 대차대조표, 2. 손익계산서, 3. 이익잉여금처분(결손금처리)계산서, 4. 현금흐름표(「주식회사의 외부감사에 관한 법률」 제2조에 따른 외부감사의 대상이 되는 법인의 경우에 한합니다), 5. 세무조정계산서

※ 신고안내
1. 결손금소급공제에 따른 법인세액의 환급을 받으려는 법인은 소급공제법인세액환급신청서(별지 제68호서식)를 제출하여야 합니다.
2. 소득할 주민세도 사업연도종료일부터 4개월(수정신고의 경우에는 수정신고일부터 1개월) 이내에 해당 시·군·구청에 신고납부 하여야합니다.

[별지 제3호서식] (앞 쪽)

사업연도	. . ~ . .	법인세 과세표준 및 세액조정계산서	법인명	
			사업자등록번호	

① 각사업연도소득계산			
(101) 결산서 상 당기순손익		01	
소득조정금액	(102) 익금산입	02	
	(103) 손금산입	03	
(104) 차가감소득금액 (101+102-103)		04	
(105) 기부금한도초과액		05	
(106) 기부금한도초과이월액 손금산입		54	
(107) 각 사업연도소득금액 (104+105-106)		06	

② 과세표준계산		
(108) 각사업연도소득금액(108=107)		
(109) 이 월 결 손 금	07	
(110) 비 과 세 소 득	08	
(111) 소 득 공 제	09	
(112) 과세표준(108-109-110-111)	10	
(159) 선 박 표 준 이 익	55	

③ 산출세액계산		
(113) 과 세 표 준(112+159)	56	
(114) 세 율	11	
(115) 산 출 세 액	12	
(116) 지점유보소득 (「법인세법」 제96조)	13	
(117) 세 율	14	
(118) 산 출 세 액	15	
(119) 합 계(115+118)	16	

④ 납부할 세액계산			
(120) 산 출 세 액(120 = 119)			
(121) 공 제 감 면 세 액(ㄱ)		17	
(122) 차 감 세 액		18	
(123) 공 제 감 면 세 액(ㄴ)		19	
(124) 가 산 세 액		20	
(125) 가 감 계(122-123+124)		21	
기납부세액 / 기한내납부세액	(126) 중 간 예 납 세 액	22	
기납부세액 / 기한내납부세액	(127) 수시부과세액	23	
기납부세액 / 기한내납부세액	(128) 원천납부세액	24	
기납부세액 / 기한내납부세액	(129) 간접투자회사 등의 외국납부세액	25	
기납부세액 / 기한내납부세액	(130) 소계(126+127+128+129)	26	
기납부세액	(131) 신고납부전가산세액	27	
기납부세액	(132) 합 계(130+131)	28	
(133) 감면분 추가납부 세액		29	
(134) 차 감 납 부 할 세 액 (125-132+133)		30	

⑤ 토지등 양도소득에 대한 법인세 계산			
양도차익	(135) 등 기 자 산	31	
양도차익	(136) 미 등 기 자 산	32	
(137) 비 과 세 소 득		33	
(138) 과 세 표 준(135+136-137)		34	
(139) 세 율		35	
(140) 산 출 세 액		36	
(141) 감 면 세 액		37	
(142) 차 감 세 액 (140-141)		38	
(143) 공 제 세 액		39	
(144) 가 산 세 액		40	
(145) 가 감 계(142-143+144)		41	
기납부세액	(146) 수 시 부 과 세 액	42	
기납부세액	(147) (　　　　) 세 액	43	
기납부세액	(148) 계 (146+147)	44	
(149) 차감납부할세액(145-148)		45	

⑥ 세액계			
(150) 차감납부할세액계(134+149)		46	
(151) 사실과 다른 회계처리 경정 세액 공제		57	
(152) 분납세액 계산범위액 (150-124-133-144+131-151)		47	
분납할세액	(153) 현 금 납 부	48	
분납할세액	(154) 물 납	49	
분납할세액	(155) 계 (153 + 154)	50	
차감납부세액	(156) 현 금 납 부	51	
차감납부세액	(157) 물 납	52	
차감납부세액	(158) 계 (156 + 157) 158=(150-151-155)	53	

[별지 제56호서식]　　　　　　　　　　　　　　　　　　　　　　　　(앞 쪽)

법인세·농어촌특별세 과세표준(조정계산) 및 세액신고서 (이자소득만 있는 비영리법인 신고용)			처리기간 즉 시
① 소 재 지		②전자우편주소	
③ 법 인 명		④대표자 성명	
⑤사업자등록번호	⑥사업연도		⑦전화번호

구 분			법 인 세	농 어 촌 특 별 세
과세표준계산	⑧이 자 소 득 금 액 계			
	⑨준 비 금 손 금 산 입 액			
	⑩각사업연도소득금액(⑧－⑨)			
	⑪비 과 세 소 득			
	⑫과 세 표 준 (⑩ － ⑪)			
세액의 계산	⑬ 세 율			
	⑭ 산 출 세 액			
	⑮ 가 산 세 액			
	⑯ 가 감 계 (⑭＋⑮)			
	기납부세액	⑰중 간 예 납 세 액		
		⑱원 천 납 부 세 액		
		⑲ (　　　　　) 세 액		
		⑳ 계 (⑰ ＋ ⑱ ＋ ⑲)		
	㉑추 가 납 부 세 액			
	㉒차감납부할세액(⑯－⑳＋㉑)			
	㉓분 납 할 세 액			
	㉔차감납부할세액(㉒－㉓)			

국세환급금계좌신고		신고인은 「법인세법」 제60조 및 「국세기본법」 제45조의3에 따라 위의 내용을 신고하며, 위 내용을 충분히 검토하였고 신고인이 알고 있는 사실 그대로를 정확하게 기재하였음을 확인합니다. 신고인(대표자)　　　　　　(서명 또는 인)
㉕예 입 처	은행　(본)지점	
㉖예 금 종 류	예금	세무대리인은 조세전문자격자로서 위 신고서를 성실하고 공정하게 작성하였음을 확인합니다. 세무대리인　　　　　　(서명 또는 인)
㉗계 좌 번 호		
세무서장 귀하		

[별지 제7호 서식]

사 업 연 도	소득공제조정명세서	사업자등록번호
법 인 명		

소득공제액 계산내역

① 구 분		② 근거법	코드	③ 계산기준	④ 계 산 기준금액	⑤ 공제율	⑥ 소득공제 대상금액	⑦ 최저한세적용 감면배제금액	⑧ 소득공제액 (⑥-⑦)
조세특례제한법	⑩ 배당금액 소득공제	법 제54조	57	배당금액		$\frac{100}{100}$			
	⑩ 축 산 업 소득공제	법 제101조	54	당해소득금액		$\frac{20}{100}$			
	⑩ 증자소득 공 제	(구법 제93조)	55						
	⑩		58						
	⑩								
	⑩								
	⑩								
	⑩ 계 (⑩+⑩+⑩+⑩+⑩+⑩+⑩)		59						
법인세법	⑩ 배당금액 소득공제	법 제51조의2	82	배당금액		$\frac{100}{100}$			
⑪ 합계(⑩+⑩)			99					※	

※ 표시란의 금액은 별지 제4호 서식상의 ⑯소득공제란중 ④란의 조정감금액을 옮겨 적고, 각 구분별 최저한세적용 감면배제금액을 조정기입합니다.

[별지 제47호 서식] (앞쪽)

사 업 연 도	. . . ~ . . .	주요계정명세서(갑)	법 인 명	
			사업자등록번호	

① 구 분		② 근거법 조항	코드	③회사 계상금액	④세무상부인(조정)금액	⑤차가감금액(③-④)
준비금 충당금 등	(101)고유목적사업준비금	「법인세법」제29조 「조세특례제한법」 제74조	53			
	(102)퇴직급여충당금	「법인세법」 제33조	12			
	(103)퇴직보험료	「법인세법 시행령」 제44조의2	71			
	(104)대손충당금	「법인세법」 제34조	13			
	(105)대손금	「법인세법」 제34조	72			
손금 산입	(106)합병평가차익	「법인세법」 제44조	55			
	(107)분할평가차익	「법인세법」 제46조	56			
	(108)물적분할자산양도차익	「법인세법」 제47조	57			
	(109)교환자산양도차익	「법인세법」 제50조	58			
익 금 불산입	(110)채무면제익 등 이월결손금 보전액	「법인세법」 제18조제8호	59			
기부금	(111)법정기부금 등	「법인세법」 제24조제2항	41			
	(112)특례기부금	「조세특례제한법」 제73조제1항	64			
	(113)지정기부금 한도액	「법인세법」 제24조제1항	66			
	(114)지정기부금	「법인세법」 제24조제1항	42			
	(115)기타기부금	「법인세법」 제24조제1항	73			
접대비	(116)접대비한도액	「법인세법」 제25조제1항	49			
	(117)접대비((118)포함)	「법인세법」 제25조제1항	65			
	(118)5만원(경조사비는 10만원) 초과 접대비	「법인세법」 제25조제2항	61			
(119)외화자산・부채평가손익		「법인세법」 제42조	74			
업무무관부동산 등에 관련한 차입금이자	(120)업무무관 부동산 등	「법인세법」 제28조제1항	76			

상 여 배당 등	(121)소득처분금액(「법인세법 시행령」 제106조)	97		(122)이익처분금액(「상법」 제462조 등)	98	

[별지 제22호서식] (앞쪽)

사 업 연 도	. . ~ . .	**기부금명세서**	법인명	

구분		③ 과목	④ 연월	⑤ 적요	기 부 처		⑧금 액	비 고
① 구분	② 과목				⑥ 법인명등	⑦ 사 업 자 등록번호등		
⑨소계	가. 「법인세법」 제24조제2항의 기부금(코드 10)							
	나. 「조세특례제한법」 제73조제1항 (코드 30)							
	다. 「법인세법」 제24조제1항의 기부금(코드 40)							
	라. 그 밖의 기부금(코드 50)							
계								

[별지 제12호 서식] (1장앞쪽)

일반과세자 부가가치세 □예정□확정□기한후과세표준 □영세율 등 조기환급 신고서

관리번호 □□□□ - □□□	신고기간 □□□□년 □기(월 일~ 월 일)	처리기간
		즉시

사업자	상호 (법인명)		성명 (대표자명)		사업자등록번호	□□□-□□-□□□□□	
	주민(법인) 등록번호	-	전화번호		사업장	주소지	휴대전화
	사업장주소				전자우편 주소		

❶ 신고내용

구분				금액	세율	세액
과세표준및매출세액	과세	세금계산서교부분	①		10/100	
		매입자발행세금계산서	②		10/100	
		기타	③		10/100	
	영세율	세금계산서교부분	④		10/100	
		기타	⑤		10/100	
	예정신고누락분		⑥			
	대손세액가감		⑦			
	합계		⑧		㉮	
매입세액	세금계산서 수취분	일반매입	⑨			
		고정자산매입	⑩			
	예정신고누락분		⑪			
	매입자발행세금계산서		⑫			
	기타공제매입세액		⑬			
	합계(⑨+⑩+⑪+⑫+⑬)		⑭			
	공제받지못할매입세액		⑮			
	차감계(⑭-⑮)		⑯		㉯	
납부(환급)세액 (매출세액㉮-매입세액㉯)					㉰	
경감·공제세액	기타경감·공제세액		⑰			
	신용카드매출전표등발행공제등		⑱			
	합계		⑲		㉱	
예정신고미환급세액			⑳		㉲	
예정고지세액			㉑		㉳	
가산세액계			㉒		㉴	
차가감하여 납부할 세액(환급받을 세액)(㉰-㉱-㉲-㉳+㉴)					㉓	
총괄납부사업자 납부할 세액(환급받을 세액)						

❷ 국세환급금계좌신고	거래은행	은행 지점	계좌번호	

❸ 폐업신고	폐업일자		폐업사유	

❹ 과세표준명세

업태	종목	업종코드	금액
㉔			
㉕			
㉖			
㉗수입금액제외			
㉘ 합계			

「부가가치세법」 제18조·제19조 또는 제24조와 「국세기본법」 제45조의3에 따라 위의 내용을 신고하며, 위 내용을 충분히 검토하였고 신고인이 알고 있는 사실 그대로를 정확하게 기재하였음을 확인합니다.

년 월 일

신고인 (서명 또는 인)

세무대리인은 조세전문자격자로서 위 신고서를 성실하고 공정하게 작성하였음을 확인합니다.

세무대리인 (서명 또는 인)

세무서장 귀하

구비서류	뒤쪽참조

세무대리인	성명		사업자등록번호		전화번호	

이 쪽은 해당 사항이 있는 사업자만 사용합니다. (2장앞쪽)

사업자등록번호 | | | | - | | | - | | | | | |

* 사업자등록번호는 반드시 기재하시기 바랍니다.

			구 분		금 액	세율	세 액
예정신고 누락분 명세	⑥ 매출	과세	세금계산서	㉙		$\frac{10}{100}$	
			기타	㉚		$\frac{10}{100}$	
		영세율	세금계산서	㉛		$\frac{10}{100}$	
			기타	㉜		$\frac{10}{100}$	
		합계		㉝			
	⑪ 매입	세금계산서		㉞			
		기타공제매입세액		㉟			
		합계		㊱			

	구 분		금 액	세율	세 액
⑬ 기타공제 매입세액 명세	신용카드매출전표등수취명세서제출분	㊲			
	의제매입세액	㊳		뒤쪽참조	
	재활용폐자원등매입세액	㊴		뒤쪽참조	
	과세사업전환매입세액	㊵			
	재고매입세액	㊶			
	변제대손세액	㊷			
	합계	㊸			

	구 분		금 액	세율	세 액
⑮ 공제받지 못할 매입세액명세	공제받지 못할 매입세액	㊹			
	공통매입세액 면세사업분	㊺			
	대손처분받은세액	㊻			
	합계	㊼			

	구 분		금 액	세율	세 액
⑰ 기타 공제·경감 세액 명세	전자신고세액공제	㊽			
	택시운송사업자경감세액	㊾			
	현금영수증사업자세액공제	㊿			
	성실신고사업자세액공제	51			
	기타	52			
	합계	53			

	구 분		금 액	세 율	세 액
㉒ 가산세 명세	사업자미등록	54		$\frac{1}{100}$	
	세금계산서합계표제출불성실	55		뒤쪽참조	
	신고불성실	56		뒤쪽참조	
	납부불성실	57		뒤쪽참조	
	영세율과세표준신고불성실	58		$\frac{1}{100}$	
	수입금액명세서미제출	59		$\frac{5}{1,000}$	
	합계	60			

		업 태	종 목	코드번호	금 액
면세사업 수입금액	61				
	62				
				63합 계(61+62)	

계산서 교부 및 수취내역	64 계산서 교부금액	
	65 계산서 수취금액	

(앞쪽)

외국사업자거래내역 및 부가가치세환급신청서				처리기간
				즉 시
신 청 인	①법 인 명		②법 인 등 록 번 호	
	③소 재 지		④사 업 자 등 록 번 호	
⑤ 환급신청 기간	년 월 일 ~ 년 월 일			
⑥환급신청 금액				

환 급 금 수 령 방 법			
은 행 이 체( )		우 편 송 금( )	
⑦계 좌 번 호		⑩받 는 사 람	
⑧예 금 주 명		⑪받는사람 주소	
⑨은 행 명			

거 래 내 역						
⑫일련번호	⑬거래일자	⑭거래품목	⑮거래사유	⑯부가가치 세액	공 급 자	
					⑰상호	⑱사업자등록번호

• 조세특례제한법 제107조제5항 및 동법시행령 제107조제2항의 규정에 의하여 위와 같이 부가가치세 환급을 신청합니다.

년 월 일

신청인 (서명 또는 인)

지방국세청장 귀하

※ 구비서류 : 1. 법인사업자증명원(한글 또는 영문에 한함) 1부 2. 세금계산서 원본(신용카드매출전표) 3. 대리인을 통하는 경우 위임장	수수료
	없 음

[별지 제13호 서식] (앞쪽)

신용카드매출전표등 수취명세서(갑)
(　　년　기 예정, 확정)

1. 제출자 인적사항

①상 호(법인명)		②사업자등록번호	
③성 명(대표자)		④주민(법인)등록번호	

2. 신용카드 등 매입내역 합계

구 분	거래건수	공급가액	세 액
⑤ 합 계			
⑥ 현 금 영 수 증			
⑦ 화물운전자복지카드			
⑧ 기타신용카드 등			

3. 기타 신용·직불카드 및 기명식선불카드 매출전표 수취금액 합계

일련번호	⑨카드회원번호	⑩공급자(가맹점) 사업자등록번호	⑪기타 신용카드 등 거래내역 합계		
			거래건수	공급가액	세액
1					
2					
3					
4					
5					
6					
7					
8					
9					
10					
11					
12					
13					
14					
15					

[별지 제29호서식(2)] (앞쪽)

매입처별계산서합계표(갑)

(년 기)

1. 제출자 인적사항

① 사업자등록번호	- -	② 상 호(법인명)	
③ 성 명(대표자)		④ 사업장소재지	
⑤ 거 래 기 간	년 월 일~ 년 월 일	⑥ 작성일자	년 월 일

2. 매입계산서 총합계

구 분	⑦ 매입처수	⑧ 매수	⑨ 매 입 금 액 조 십억 백만 천 일	비 고
합 계				

3. 매입처별 명세(합계금액으로 기재)

일련번호	사업자등록번호	상호(법인명)	매수	매 입 금 액 조 십억 백만 천 일	비고
1					
2					
3					
4					
5					
6					
7					
8					
9					
10					

( )쪽

관리번호(매입)	-

[별지 제20호의 3 서식(1)] (앞쪽)

매입처별 세금계산서 합계표(갑)

(년 기)

1. 제출자 인적사항

① 사업자등록번호		② 상호(법인명)	
③ 성 명(대표자)		④ 사업장소재지	
⑤ 거 래 기 간	년 월 일 ~ 년 월 일	⑥ 작 성 일 자	년 월 일

2. 매입세금계산서 총합계

구 분	⑦ 매입처수	⑧ 매수	⑨ 공급가액 조 십억 백만 천 일	⑩ 세 액 조 십억 백만 천 일
합 계				

3. 매입처별 명세(합계금액으로 기재)

⑪ 일련번호	⑫ 사업자등록번호	⑬ 상호(법인명)	⑭ 매수	⑮ 공급가액 조 십억 백만 천 일	⑯ 세 액 조 십억 백만 천 일	비고
1						
2						
3						
4						
5						
6						
7						
8						
9						
10						

( )쪽

[별지 제29호서식(1)] (앞쪽)

매출처별계산서합계표(갑)

(년 기)

1. 제출자 인적사항

① 사업자등록번호	- -	② 상호(법인명)	
③ 성 명 (대표자)		④ 사업장소재지	
⑤ 거 래 기 간	년 월 일~ 년 월 일	⑥ 작성일자	년 월 일

2. 매출계산서 총합계

구 분	⑦ 매출처수	⑧ 매수	⑨ 매 출 (수 입) 금 액 조 십억 백만 천 일	비 고
합 계				
사업자등록번호 발 행 분				
주민등록번호 발 행 분				

3. 매출처별 명세(합계금액으로 기재)

일련번호	사업자등록번호	상호(법인명)	매수	매 출 (수 입) 금 액 조 십억 백만 천 일	비고
1					
2					
3					
4					
5					
6					
7					
8					
9					
10					

( )쪽

[별지 제20호의 7 서식] (앞쪽)

간이과세자 부가가치세 □ 예 정 □ 확 정 □ 기한후과세표준 신고서

관리번호	-	신고기간	년	기(월 일~ 월 일)	처리기간 즉 시

사업자	상 호		성명(대표자명)		사업자등록번호	- -	
	주민등록번호	-			전화	사업장 / 주소지 / 휴대전화	
	사업장소재지				전자우편주소		

❶ 신 고 내 용

구 분				금 액	부가가치율	세율	세 액
과세표준 및 매출세액	과세분	소매업	①		15/100	10/100	
		제조업, 전기·가스 및 수도사업	②		20/100	10/100	
		건설업, 부동산임대업, 농수·임·어업, 기타 서비스업, 음식점업, 숙박업	③		30/100	10/100	
		운수·창고 및 통신업	④		40/100		
	영 세 율 적 용 분		⑤			0/100	
	재 고 납 부 세 액		⑥				
	합 계		⑦			㉮	
공제세액	매입세금계산서 등 수취세액공제		⑧		뒤쪽 참조		
	의 제 매 입 세 액 공 제		⑨				
	매입자발행세금계산서 세액공제		⑩				
	전 자 신 고 세 액 공 제		⑪				
	성 실 신 고 사 업 자 세 액 공 제		⑫				
	신용카드매출전표 등 발행세액공제		⑬				
	기 타		⑭				
	합 계		⑮		㉯		
가 산 세 계			⑯	뒤쪽 참조	㉰		
차 감 납 부 할 세 액(환 급 받 을 세액)(㉮-㉯+㉰)					⑰		

❷ 과세표준명세

	업 태	종 목	업 종 코 드	금 액
⑱				
⑲				
⑳	기타(수입금액제외분)			
㉑	합 계			

❸ 면세수입금액

	업 태	종 목	업 종 코 드	금 액
㉒				
㉓				
㉔	합 계			

❹ 국세환급금계좌신고	거래은행	은행 지점	계좌번호	
❺ 폐 업 신 고	폐업연월일	. .	폐업사유	

「부가가치세법 시행령」 제75조제5항 및 「국세기본법」 제45조의3에 따라 위의 내용을 신고하며, 위 내용을 충분히 검토하였고 신고인이 알고 있는 사실 그대로를 정확하게 기재하였음을 확인합니다.

년 월 일

신고인 (서명 또는 인)

세무대리인은 조세전문자격자로서 위 신고서를 성실하고 공정하게 작성하였음을 확인합니다.

세무대리인 (서명 또는 인)

세무서장 귀하

세무대리인	성 명		사업자등록번호		전화번호	

구비서류	1. 매입처별세금계산서합계표 2. 매입자발행세금계산서합계표 3. 영세율 첨부서류(영세율 해당자) 4. 부동산임대공급가액명세서(부동산임대업자) 5. 사업장현황명세서(음식, 숙박, 기타 서비스사업자가 확정신고시) 6. 의제매입세액공제신고서 7. 그 밖에 「부가가치세법 시행규칙」 제23조의5에 따른 해당 서류

4. 계정과목 찾아보기

ㄱ

거래내역	계정과목
가산금	잡손실
가산세	잡손실
가수금 면제	채무면제이익(특별이익)
가스설비	건물
가족수당	급여

거래내역	계정과목
간식대	복리후생비
간판	비품
간판제작비	광고선전비
감정수수료	지급수수료
갑근세 대납액	가지급금
갑근세 예수	예수금
강사료	지급수수료

거래내역	계정과목
개발부담금	토지
개발비상각비	무형자산감가상각비
개발활동에 사용된 재료비, 용역비 등	경상개발비
개발활동에 사용된 재료비, 용역비 등(자산성)	개발비
거래보증금	보증금
건강보험료(회사부담금)	복리후생비

거래내역	계정과목
건물(부동산매매업, 건설업)	상품
건물감가상각	유형자산감가상각비
건물 화재보험료	보험료
건물 도색 공사비	수선비
건물의 증여	자산수증이익(특별이익)
건물처분손실	유형자산처분손실
건물처분이익	유형자산처분이익
건축중인 건물	건설중인자산
건전지 구입비	소모품비

거래내역	계정과목
검사비 지급	지급수수료
검사공구	공구와 기구
검사비(수입시)	상품, 원재료
검사비(수출시)	수출제비용
견본비(수출시)	수출제비용
견본품	견본비
계약위반 배상금	잡손실

거래내역	계정과목
고용보험료(회사부담분)	보험료
고용보험료 기간미경과분	선급비용
고정자산 구입대금 선지급	선급금
고정자산 구입대금 부가세	부가세대급금
고정자산 매각대금 부가세	부가세예수금
고정자산 매각대금 선수	선수금
고정자산 매각대금 미수	미수금
고정자산 구입대금 미지급(단기)	미지급금

거래내역	계정과목
골동품	비품
공과금 보통예금계좌자동이체	보통예금
공구·기구의 수선	수선비
공구감가상각	유형자산감가상각비
공업용수도이용권	기타의 무형자산
공작기기	기계장치
공장	건물
공장부지	토지
공장임차비	전도금
공장임차비	임차료

거래내역	계정과목
과료	세금과공과
과태료	세금과공과
관계회사 단기대여금	단기대여금
관계회사 장기대여금	장기대여금
관계회사 단기차입금	단기차입금
관계회사 장기차입금	장기차입금
관광사업 권리금	영업권
관보구독료	도서인쇄비
관세(수입관세)	상품 또는 원재료
관세환급	관세환급금

거래내역	계정과목
광고제작비	광고선전비
광고료 기간미경과분(단기)	선급비용
광고물 배포비	광고선전비
광고물 구입비	광고선전비
교육비	교육훈련비
교통사고 배상금	잡손실
교통사고 변상금	잡비
구축물감가상각	유형자산감가상각비

거래내역	계정과목
국민연금중 퇴직전환금	국민연금전환금
국민연금예수	예수금
국민연금(회사부담액)	세금과공과
군위문품	기부금
균등할주민세	세금과공과

거래내역	계정과목
금고	비품
금융기관 차입금(단기)	단기차입금
금융기관 차입금(장기)	장기차입금
금융리스료 미지급	미지급금
금융리스이자	이자비용
금전배당시 적립금	이익준비금
금형기계	공구와 기구
급배수 설비	건물
급여 가불금	가지급금

거래내역	계정과목
기계부속품 수리비	수선비
기계운용리스료	임차료
기계장치 감가상각	유형자산감가상각비
기계장치 처분손실	유형자산처분손실
기계장치 처분이익	유형자산처분이익
기금에 지출하는 분담금	세금과 공과
기본급	급여
기중기	기계장치

ㄴ

거래내역	계정과목
난방설비	건물
난방용 유류대	수도광열비
난방비	수도광열비
냉방비	수도광열비
냉방설비	건물
냉장고	비품
네온사인	비품
노무비(건설중)	건설중인자산

ㄷ

거래내역	계정과목
단기차입금이자	이자비용
단체퇴직급여설정액	단체퇴직급여
단체퇴직보험 예금	단체퇴직보험예치금
단체퇴직보험예금 충당금설정	단체퇴직급여충당금
당좌개설 보증금	장기금융상품
당좌수표결제(당좌차월 약정이 없는 경우)	당좌예금
당좌수표결제(당좌차월 약정이 있는 경우)	당좌차월
당좌차월이자	이자비용

거래내역	계정과목
대리점업무 전도금	전도금
대손채권의 회수	대손충당금
대여금이자	이자수익
대지	토지
대체저금환증서	현금
대표이사 가지급금 이자	이자수익

거래내역	계정과목
도난(손실)	잡손실
도로	구축물
도메인등록비용(금액이 큰 경우)	산업재산권
도메인등록수수료(금액이 미미한 경우)	지급수수료
도서구입대금	도서인쇄비
도시가스대금	수도광열비
등록세(건물구입시)	건물
등록세(토지구입시)	토지

ㄹ

거래내역	계정과목
라디오 구입비	비품
라디오 광고료	광고선전비
레크리에이션비용	복리후생비
렌탈료 미지급	미지급금
로얄티 지급	지급수수료
리어카(육상운반구)	차량운반구

ㅁ

거래내역	계정과목
만기도래 사채이자표	현금
매입품 반품	매입환출
매출품 반품	매출환입
면허세	세금과공과
명함 인쇄대금	도서인쇄비
무선호출기	비품
문구대	사무용품비

거래내역	계정과목
물건구입후 파손으로 가격할인	매입에누리
물건판매시 선수	선수금
물건판매후 파손으로 가격할인	매출에누리
물건판매후 파손으로 가격할인	채무면제이익(특별이익)
물품 외상매입대금	외상매입대금

거래내역	계정과목
미지급금 면제	채무면제이익
미지급금료	미지급비용
미지급보험료	미지급비용
미지급사채이자	미지급비용
미지급수수료	미지급비용
미지급된이자	미지급비용
미지급임차료	미지급비용
미지급전력료	미지급비용
미착 원재료	원재료
미착품	상품

ㅂ

거래내역	계정과목
반제품가공 의뢰비용	외주비
받을어음 만기(할인)시 보통예금계좌 입금	보통예금
받을어음 할인료	매출채권처분손실
발기인 보수	창업비
발전기	기계장치
방범비	잡비
방위성금	기부금
배달비(판매시)	운반비
배당금 미지급액	미지급배당금
버스요금	여비교통비

거래내역	계정과목
벌금	세금과공과
법률자문 수수료	지급수수료
법인결산 공고료	광고선전비
법인세(재무제표상)	법인세비용(법인세 등)
법인세추가납부액	법인세추납액
법인세할 농어촌특별세	법인세비용(법인세 등)
법인세할 주민세	법인세비용(법인세 등)
법인세 환급액등	법인세환급액
벽지수당	급여
변리사・변호사 자문수수료	지급수수료
병원치료비	복리후생비

거래내역	계정과목
보관수수료(수출시)	수출제비용
보관수수료(판매시)	보관료
보상금 수입	잡이익
보상금 지불	잡손실
보일러설비	건물
보증료 기간미경과분(단기)	선급비용
보증보험	보험료
보통예금이자	이자수익
보험금 수입	잡이익
보험료 기간미경과분(단기)	선급비용

거래내역	계정과목
복리시설비용	복리후생비
복사기	비품
복사기 부품교체비	소모품비
복사기 유지보수비	지급수수료
복사기 임차료	임차료
복사료	도서인쇄비
복사용지대	사무용품비

거래내역	계정과목
부도어음	부도어음
부동산임대업의 간주임대료에 대한 부가세	세금과공과
부산물 판매수입	잡이익
부산물	제품
불우이웃돕기 성금	기부금
비업무용부동산에 대한 취득세중과	토지
비품·기계의 세척비	수선비
비품감가상각	유형자산감가상각비

ㅅ

거래내역	계정과목
사무소 부지	토지
사무소 업무전도금	전도금
사무실	건물
사무실 임차료	임차료
사무용품 미사용분	저장품
사업소득세 예수	예수금
사업소세	세금과공과
사진현상료	도서인쇄비

거래내역	계정과목
사채(결산기로부터 1년이내 상환 사채)	유동성장기부채
사채(결산기로부터 1년이내 상환 장기차입금)	유동성장기부채
사채 매입대금 및 수수료(단기자금운용목적)	단기매매증권
사채 이자수입	이자수익
사채 처분손실	단기투자자산처분손실
사채 처분이익	단기투자자산처분이익
사채 평가이익(단기자금운용목적)	단기투자자산평가이익

거래내역	계정과목
사채권 발행비	사채할인발행차금
사채발행시 사채모집공고비	사채할인발행차금
사채발행시 금융기관 및 증권회사수수료	사채할인발행차금
사채발행시 등록세	사채할인발행차금
사채상환시의 발생손실	사채상환손실
사채상환시의 이익발생	사채상환이익
사채의 보유시 기간경과로 발생한 이자	미수수익
사채 평가손실(장기시세차익 목적)	매도가능증권평가손실
사채할인발행차금 상각액	이자비용

거래내역	계정과목
사택부지	토지
산재보험료	보험료
산재보험료의 기간미경과분	선급비용
상 · 하차비(수출비)	수출제비용
상 · 하차비(상품구입시/상품수입시)	상품
상 · 하차비(판매비)	운반비
상공회의소 회비	세금과공과
상여금	급여
상용소프트웨어의 구입비	기타의 무형자산(소프트웨어)

거래내역	계정과목
상표권	산업재산권
상표권 감가상각	무형자산상각비
상품구입시 납부한 부가세	부가세대급금
상품대금 선지급	선급금
상품매입대금	상품
상품매출 부가세	부가세예수금
상품매출	매출액
상품매출 원가	매출원가
상품 평가손실	재고자산평가손실

거래내역	계정과목
상하수도	구출물
상하수도요금	수도광열비
샘플 무환통관시의 관세	견본비
샘플 제작비	견본비
생화대(꽃)	잡비
서화	비품

거래내역	계정과목
선물비(거래처)	접대비
선물비(임직원)	복리후생비
선박운임(판매시)	운반비
선수수수료	선수수익
선수이자	선수수익
선수임대료	선수수익
선적비(수입시)	상품 또는 원재료
선적비(수출시)	수출제비용
선풍기	비품

거래내역	계정과목
설립시 등기비	창업비
설립시 자본금불입	자본금
설립시 주식발행비	창업비
세금감면시 적립하는 적립금	기업합리화적립금
세금공제시 적립하는 적립금	기업합리화적립금
세척기	비품
세탁기	비품

거래내역	계정과목
소득공제시 적립하는 적립금	기업합리화적립금
소득세	소득세 등
소득할 농어촌특별세	소득세 등
소득할 주민세	소득세 등
소모 공구·기구·비품 미사용분	저장품
소모품 미사용분	저장품
소모품비(종이, 노트, 복사지)	사무용품비

거래내역	계정과목
손해배상금(경미한 경우)	잡비
송금수수료	지급수수료
송금환	현금
수동장치	기계장치
수선용 부분품 미사용분	저장품

거래내역	계정과목
수익증권(단기자금운용목적)	단기매매증권
수입대금지급시 환이익	외환차익
수입대금지급시 환차손	외환차손
수입보증금	보증금
수입외상대금 평가로 인한 손실	외화환산손실
수입외상대금 평가로 인한 이익	외화환산이익
수재의연금	기부금
수족관	비품
수주공사선수	선수금
수주품선수	선수금

거래내역	계정과목
수출대금 회수시 환이익	외환차익
수출대금 회수시 환차손	외환차손
수출매출	매출액
수출외상대금 평가로 인한 손실	외화환산손실
수출외상대금 평가로 인한 이익	외화환산이익
수출용 원자재 수입시 납부한 관세	원재료
수출주선수수료(수출시)	수출제비용
수표발행수수료	지급수수료

거래내역	계정과목
승강기설비	건물
승선권	여비교통비
승용자동차	차량운반구
승합차	차량운반구
시계(회사용)	비품
시음회	광고선전비
식대(출장시)	여비교통비
식대(임직원)	복리후생비
신문광고료	광고선전비
신문구독료	도서인쇄비

거래내역	계정과목
신용카드 보통계좌 자동이체	보통예금
신용카드 사용전표	미지급금
신용카드 결제수수료	지급수수료
신용카드 매출	매출액
신용카드 조회단말기	비품
신용카드 판매로 발생한 채권	외상매출금
신종기업어음(CP)	기타 금융상품

거래내역	계정과목
신주를 청약할 수 있는 권리를 가진 사채를 발행	신주인수권부사채
신주발행 수수료	주식할인발행차금
신주발행시 등록세	주식할인발행차금
신주발행시 주권인쇄비	주식할인발행차금
신주인수권 조정계정 상각액	이자비용
신주인수권 처분손실	유가증권처분손실
신주인수권 처분이익	유가증권처분이익
신주인수권부사채의 권리행사로 인한 자본금 증가	자본금
실적에 따른 판매장려금지급	매출에누리
실용신안권	산업재산권
실용신안권 감가상각	무형자산감가상각비

ㅇ

거래내역	계정과목
아르바이트생 급여	잡급
야유회 비용	복리후생비
약값, 의료비(사원)	복리후생비
양도성예금증서(CD)	기타 금융상품
어음대여금(장기)	장기어음대여금
어음차입금(단기)	단기차입금
어음관리계좌(CMA)	기타 금융상품
예약매출	매출액
에어컨구입	비품

거래내역	계정과목
연구활동 관련 간접비	연구비
연구활동 관련 유·무형자산의 감가상각비	연구비
연구활동 관련 재료비, 용역비 등	연구비
연구활동 관련 인건비	연구비
연료 미사용분	저장품
연소장치	기계장치
연수원 임차료	교육훈련비
연장근무수당	급여
연차수당	급여
연체이자	이자비용

거래내역	계정과목
열쇠제작(구입)	소모품비
엽서발송	통신비
영업권감가상각	무형자산상각비
예금잔고증명 수수료	지급수수료
오락용구	공구와 기구
오물 수거료	잡비
온풍기	비품
완성품(제조)	제품
외부개발 용역비용	외주비

거래내역	계정과목
외상대금 회수시 할인	매출할인
외상대금 지급시 약속어음의 발행	지급어음
외상대금을 어음으로 회수시	받을어음
외상매입금 면제	채무면제이익(특별이익)
외상채권 보통계좌입금	보통예금
외상판매로 발생한 채권	외상매출금
외주비(건설중)	건설중인 자산

거래내역	계정과목
외화(달러 등)	현금
외화예금 인출시 환이익	외환차익
외화예금 인출시 환차손	외환차손
외화예금 평가로 인한 손실	외화환산손실
외화예금 평가로 인한 이익	외화환산이익
외화차입금 상환시 환이익	외환차익
외화차입금 상환시 환차손	외환차손
외화차입금 평가로 인한 손실	외화환산손실
외화차입금 평가로 인한 이익	외화환산이익
외환평가로 인한 손실	외화환산손실
외환평가로 인한 이익	외화환산이익

거래내역	계정과목
용수설비	구축물
용역사용 외상대금	외상매입금
용역사용 부가세납부	부가세대급금
용역대금 선지급	선급
용역매출부가세	부가세예수금
용역수입	매출액

거래내역	계정과목
우리사주조합운영비	복리후생비
우편료	통신비
우편환	현금
운동장 부지	토지
운반비(수출시)	수출제비용
운송보험(상품구입시)	상품
운송보험(판매시)	보험료
운용리스료 미지급	미지급금
원인불명의 현금부족액	잡손실
원인불명의 현금과잉액	잡이익

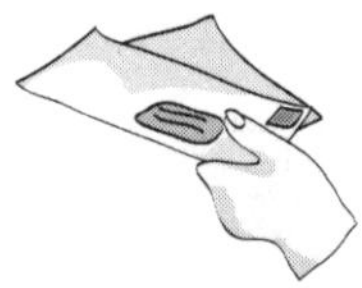

거래내역	계정과목
원재료 매입대금	원재료
원재료구입시 납부한 부가세	부가세대급금
원재료대금 선지급	선급금
원재료평가손실	재고자산평가손실
원천징수된 배당소득세(법인)	선납세금
원천징수된 사업소득세(개인)	선납세금
원천징수된 이자소득세(법인)	선납세금
원천징수된 주민세(개인)	선납세금
월차수당	급여

거래내역	계정과목
위생설비	건물
위탁교육훈련비	교육훈련비
유가증권 매각대금 미수	미수금
유류 미사용분	저장품
음료대(회사용)	복리후생비
응접탁자	비품

거래내역	계정과목
의료보험금 예수	예수금
의상	비품
의자	비품
의장권	산업재산권
의장권 감가상각	무형자산상각비
의제매입세액 원재료 차감분	원재료

거래내역	계정과목
이동전화요금	통신비
이연법인세대	이연법인세부채
이연법인세차	이연법인세자산
인가조건으로 부담한 기금 및 기부금	영업권
인장	소모품비
인지대	세금과공과
일·숙직비	복리후생비
일반사채발행	사채
일용근로자급여	잡급

거래내역	계정과목
임대수입매출	매출액
임시사무직급여	잡급
임원가수	가수금
임원대여금(단기)	단기대여금
임원대여금(장기)	장기대여금
임원차입금(단기)	단기차입금
임원차입금(장기)	장기차입금
임차료 기간미경과분(단기)	선급비용
임차보증금	보증금
입장권	여비교통비
입찰보증금	보증금

ㅈ

거래내역	계정과목
자가운전보조수당	급여(또는 차량유지비)
자가제조한 중간제품	반제품
자기주식 처분으로 생긴 이익	자기주식처분이익
자기앞수표	현금
자기주식 취득·소각·처분시	자기주식

거래내역	계정과목
자동차세	세금과공과
자동차종합보험	보험료
자동차책임보험	보험료
자동차타이어 튜브의 교체	수선비
자동판매기	비품
자재비(건설중)	건설중인자산
자전차(차량)	차량운반구
작업기계	기계장치
작업폐물의 판매 수입	잡이익
잡종지	토지
잡지 구독료	도서인쇄비

거래내역	계정과목
장기기술용역계약의 용역대가지급	기타의 무형자산
장기보유 투자목적의 국채, 공채, 사채구입	만기보유증권
장기보유 투자채권의 감액손실 회복시	장기투자증권손상차손환입
장기보유 투자채권의 순자산가액 하락시	장기투자증권손상차손
장기보유목적 채권의 가치변동시	매도가능증권평가손익(자본조정)
장기성 외상매입금	장기성매입채무
장기성 지급어음	장기성매입채무
장기차입금이자	이자비용
장부 및 서식 구입	사무용품비
장학재단 기부금	기부금

거래내역	계정과목
재고자산감모손실(원가성이 없는것)	재고자산평가손실
재공품평가손실	재고자산평가손실
재료가공의뢰비	외주비
재산세	세금과공과
재평가세의 납부	재평가적립금
재평가차액	재평가적립금
재해로인한 손실발생시	재해손실
저가 양도	기부금
적립식목적 금전신탁	기타 금융상품
적송품(위탁판매시)	적송품
적십자회비	세금과공과

거래내역	계정과목
전구구입비	소모품비
전기・가스시설이용권	기타의 무형자산
전기가스점검 수수료	지급수수료
전기설비	건물
전기요금	수도광열비

거래내역	계정과목
전기이전 감가상각비 과대계상분	전기오류수정이익
전기이전 퇴직급여충당금 과대계상분	전기오류수정이익
전기이전분 감가상각비 계상	전기오류수정손실
전기이전분 퇴직급여 계상	전기오류수정손실

거래내역	계정과목
전동기	기계장치
전보료	통신비
전세권	보증금
전시회 출품비용	광고선전비
전신료	통신비
전용회선 이용권	기타의 무형자산
전용회선 사용료	통신비
전자계산기	비품
전주	구축물
전표용지대	사무용품비
전화가입권	보증금
전화가입시의 수수료	지급
전화기	비품
전화료	통신비

거래내역	계정과목
전환권 조정계정 상각액	이자비용
전환사채의 전환금액이 주식의 액면가액을 초과할 때	주식발행초과금
전환사채의 전환으로 인한 자본금 증가	자본금
점포	건물
접대비 가불	가지급금

거래내역	계정과목
정기예금 기간경과로 발생한 이자	미수수익
정기예금(단기)의 예입, 중도해약, 만기인출	정기예금
정기예금(장기)	장기금융상품
정기예금 · 정기적금이자	이자수익
정기적금(단기)의 예입, 중도해약, 만기인출	정기적금
정기적금(장기)	장기금융상품

거래내역	계정과목
정보통신요금	통신비
정수기	비품
제조중인 재고자산	재공품
제품매출	매출액
제품매출부가세	부가세예수금
제품매출원가	매출원가
제품평가손실	재고자산평가손실
조세특례제한법상의 준비금	제준비금
조의금(거래처)	접대비
조의금(임직원)	복리후생비
조합비	세금과공과
조합의 출자액	출자금

거래내역	계정과목
종업원 가수	가수금
종업원 대여금(장기)	장기대여금
종업원차입금(단기)	단기차입금
종업원퇴직보험에 대한 충당금 설정	단체퇴직급여충당금
종업원퇴직보험예금	단체퇴직보험예치금
주민세 예수	예수금

거래내역	계정과목
주차료	여비교통비
주차장 부지	토지
주차장 임차료	임차료
주택	건물
주택보조금	복리후생비
주택자금융자(단기)	단기대여금
주택자금융자(장기)	장기대여금

거래내역	계정과목
주휴수당	급여
중간예납시 납부한 법인세	선납세금
중간예납시 납부한 소득세	선납세금
증권거래세	세금과공과
증여에 의한 주식 취득(단기자금운용목적)	유가증권
증자시의 자본금 불입	자본금
증지대	지급수수료

거래내역	계정과목
지급어음 결제(당좌차월 약정이 없는 경우)	당좌예금
지급어음 결제(당좌차월 약정이 있는 경우)	당좌차월
지급이자기간 미경과분(단기)	선급비용
지도구입대금	도서인쇄비
지분법적용 투자목적의 주식구입	지분법적용투자주식
지폐	현금

거래내역	계정과목
지하도관	구축물
지하철시설이용권	기타의 무형자산
지하철요금	여비교통비
직무수당	급여
직원식당 운영비	복리후생비
직원에 대한 대여금	단기대여금
직장연예비	복리후생비
직장체육비	복리후생비

ㅊ

거래내역	계정과목
차대(거래처)	접대비
차대(회의시)	회의비
차대(임직원)	복리후생비
차량운반구 처분이익	유형자산처분이익
차량 할부금 미지급	미지급금
차량검사료	차량유지비
차량렌탈료	임차료
차량수리비	차량유지비
차량안전협회비	차량유지비
차량운반구 감가상각	유형자산감가상각비
차량운반구 처분손실	유형자산처분손실
차량유류대	차량유지비
차량정기주차료	차량유지비
차입금 면제	채무면제이익(특별이익)

거래내역	계정과목
창고	건물
창고료	보관료
창고임차료	임차료
책상	비품
청소원급여	잡급
체크단말기 수수료	통신비

거래내역	계정과목
초청강사료	교육훈련비
축의금(거래처)	접대비
축의금(임직원)	복리후생비
출납수당	급여
출장숙박료	여비교통비
출장식사대	여비교통비
출장여비 가불	가지급금
출장일당	여비교통비

거래내역	계정과목
취득세(건물구입시)	건물
취득세(토지구입시)	토지
취득시 만기가 3개월 이내인 채권	현금성자산
취득시 만기가 3개월 이내인 환매체	현금성자산
침대	비품
침전지	구축물

ㅋ

거래내역	계정과목
캘린더	광고선전비
캐비닛	비품
커튼	비품
컴퓨터	비품
컴퓨터유지보수비	지급수수료
케이블설치수수료	지급수수료

E

거래내역	계정과목
타인 발행 당좌수표	현금
타인에 대한 일시대여금(단기)	단기대여금
타인에 대한 일시대여금(장기)	장기대여금
택배비용(판매시)	운반비
택시요금	여비교통비
터널	구축물
텔레비전 시청료	잡비
텔레비전	비품

거래내역	계정과목
토지 증여	자산수증이익(특별이익)
토지(부동산 매매업, 건설업)	상품
토지처분손실	유형자산처분손실
토지처분이익	유형자산처분이익
통관료(수입시)	상품 또는 원재료
통관료(수출시)	수출제비용
통근수당	급여
통행료	여비교통비

거래내역	계정과목
퇴직금지급액(충당금미설정시)	퇴직금
퇴직대비 퇴직금설정액(비용)	퇴직급여
퇴직보험예금 충당금설정	단체퇴직급여충당금
퇴직보험예치금	단체퇴직보험예치금
퇴직 충당금설정	퇴직급여충당금
투자유가증권 처분손실	투자자산처분손실
투자유가증권 처분이익	투자자산처분이익

거래내역	계정과목
트럭	차량운반구
개별소비세 예수	예수금
특수자동차	차량운반구
특허권	산업재산권
특허권감가상각	무형자산상각비
특허권사용료	지급수수료

ㅍ

거래내역	계정과목
파손된 유리 대체	수선비
판매 알선 수수료	판매수수료
팜플렛 인쇄대금	도서인쇄비
팩스 부품교체비	소모품비
팩스	비품
팩스사용료	통신비
팩스 유지보수비	지급수수료
팩스임차료	임차료
폐품의 판매수입	잡이익

거래내역	계정과목
포장비(수출비)	수출제비용
포장비(제품생산시)	제품
포장재료 미사용분	저장품
포장지 구입비(판매시)	포장비
폴리백 구입비(판매시)	포장비
프린터 부품교체비	소모품비
피복비	복리후생비
필기구대	사무용품비

ㅎ

거래내역	계정과목
하역비(수출시)	수출제비용
하자보증금	보증금
학원비	교육훈련비
할부매출	매출액
할부판매로 발생한 채권	외상매출금
할인료 기간미경과분(단기)	선급비용

거래내역	계정과목
합명회사의 출자액	출자금
합병시 순자산가액 초과 자본액	영업권
합병으로 인한 자본금증가	자본금
합자회사의 출자액	출자금
항공료	여비교통비
항공운임(판매시)	운반비
해상보험료(수출시)	수출제비용
해상운임(수출시)	수출제비용
해외연수비	교육훈련비

거래내역	계정과목
핸드폰	비품
현금배당	배당금수익
협회비	세금과공과
화학장치	기계장치
화환대(거래처)	접대비
화환대(임직원)	복리후생비
환급받을 갑근세 등	미수금
환급받을 부가세	미수금
환매채(RP)	기타 금융상품

거래내역	계정과목
회계자문수수료	지급수수료
회사이익중 적립되는 금액	이월이익잉여금
회사부담 건강보험료	복리후생비
회사부담 고용보험료	복리후생비
회수 불확실 채권 충당금	대손충당금
회수 불확실 채권 설정비	대손상각
회식비용(사원)	복리후생비

♣ 김경하

세무사
부산대학교 회계학과 졸업
고려대학교 정책대학원 졸업
LG전자주식회사 인재개발실 근무
프랭클린템플턴투자신탁운용(주) 회계팀장
(현) 한국재정경제연구소 코페아카데미 강사
(현) 나토얀세무회계사무소 대표

[저서]
전표분개매뉴얼(한국재정경제연구소)
계정과목매뉴얼(한국재정경제연구소)

인 지
생 략

경리장부 작성연습

제1판 발행 • 2003년 1월 20일
제2판 발행 • 2004년 2월 10일
제3판 발행 • 2006년 2월 20일
제4판 발행 • 2008년 3월 31일

저 자 • 김경하
발 행 인 • 강석원
발 행 처 • **한국재정경제연구소**
등록번호 • 제2-584호(1988.6.1)

주 소 • 서울특별시 강남구 대치동 889-5
전 화 • (02) 562-4355
팩 스 • (02) 552-2210

e-mail • info@kofe.or.kr
웹페이지 • www.kofe.or.kr

정가 13,000원
ISBN 978-89-85808-80-4 (13320)